Back to Basics

Mengenverständnis fördern

in der Sekundarstufe I

Dr. Pauline Struve

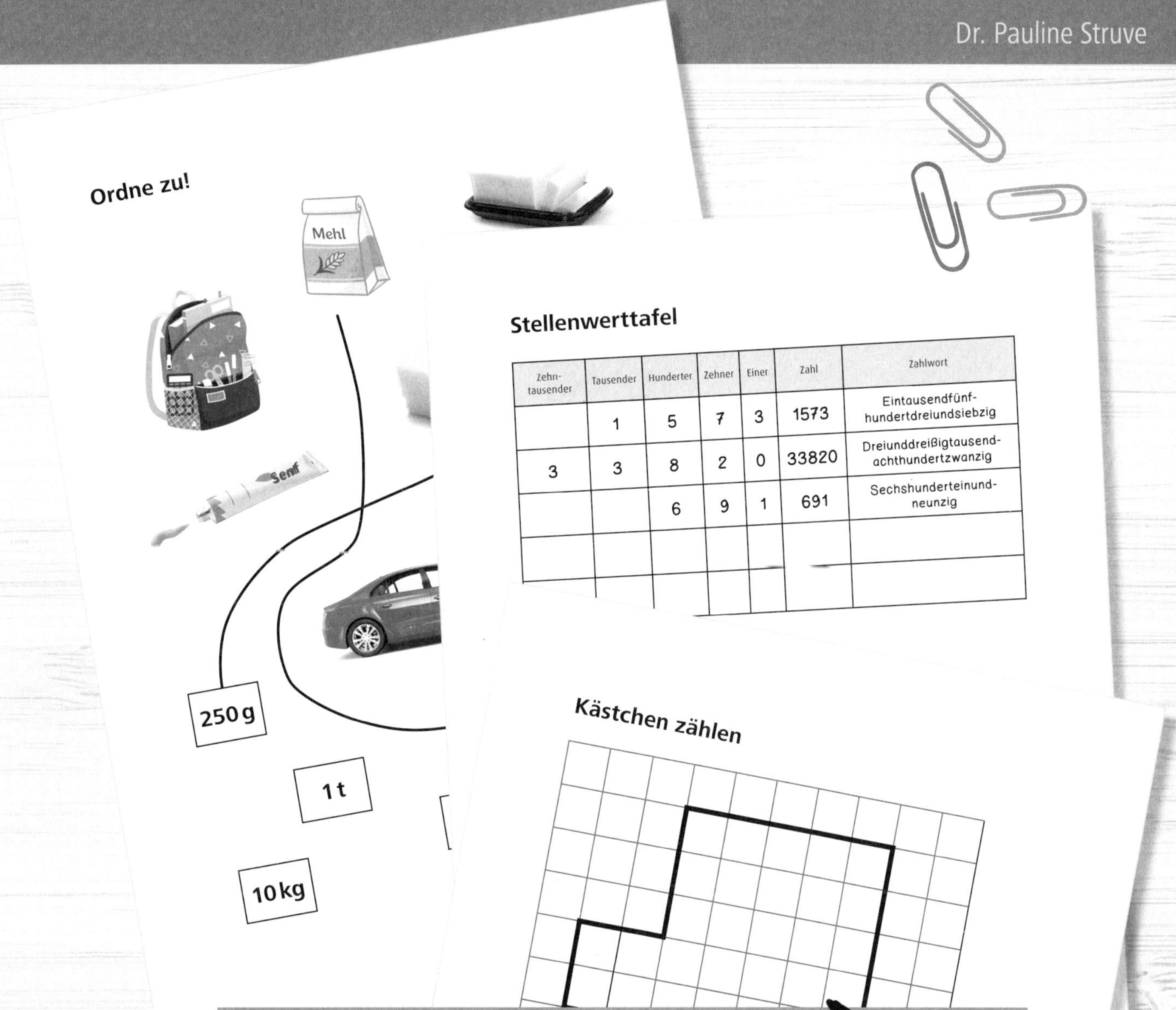

Grundlagen zu natürlichen Zahlen, Größen und Geld mit Übungen und Spielen festigen

Verlag an der Ruhr

Impressum

Titel

Back to Basics: Mengenverständnis fördern in der Sekundarstufe I

Grundlagen zu natürlichen Zahlen, Größen und Geld mit Übungen und Spielen festigen

Autorin

Dr. Pauline Struve

Umschlagmotive

Holzmuster: © arigato, Bleistift/Kuli/Büroklammern (auch Innenteil): © KOKEDA, Mehl: © svaga, Tornister: © GoodStudio, Senftube: © 5 second Studio, Auto: © Rawpixel.com, Abakus: © vectortank88 (auch Innenteil) – alle Shutterstock.com; Butter: © Svetlana Kuznetsova, Zuckerwürfel: © pixelrobot – beide stock.adobe.com

Druck

Athesia Druck GmbH, Bozen, IT

Verlag an der Ruhr
Mülheim an der Ruhr
www.verlagruhr.de

PEFC-zertifiziert
Dieses Produkt stammt aus nachhaltig bewirtschafteten Wäldern und kontrollierten Quellen
www.pefc.de
PEFC/18-31-166

Geeignet für die Klassen 5–7

Urheberrechtlicher Hinweis

Das Werk und seine Teile sind urheberrechtlich geschützt. Jede Verwendung in anderen als den gesetzlich zugelassenen Fällen oder außerhalb dieser Bedingungen bedarf der vorherigen schriftlichen Einwilligung des Verlages. Im Werk vorhandene Kopiervorlagen dürfen vervielfältigt werden, allerdings nur für Schüler*innen der eigenen Klasse/des eigenen Kurses. Die dazu notwendigen Informationen (Buchtitel, Verlag, Autorin) haben wir für Sie als Service bereits mit eingedruckt. Diese Angaben dürfen weder verändert noch entfernt werden. Die Weitergabe von Kopiervorlagen oder Kopien (auch von Ihnen veränderte) an Kolleg*innen, Eltern oder Schüler*innen anderer Klassen/Kurse ist nicht gestattet.
Der Verlag untersagt ausdrücklich das Herstellen von digitalen Kopien, das digitale Speichern und Zurverfügungstellen dieser Materialien in Netzwerken (das gilt auch für Intranets von Schulen und sonstigen Bildungseinrichtungen), per E-Mail, Internet oder sonstigen elektronischen Medien außerhalb der gesetzlichen Grenzen.
Kein Verleih. Keine gewerbliche Nutzung.
Näheres zu unseren Lizenzbedingungen können Sie unter www.verlagruhr.de/lizenzbedingungen nachlesen.

Bitte beachten Sie zusätzlich die Informationen unter www.schulbuchkopie.de.

Soweit in diesem Produkt Personen fotografisch abgebildet sind und ihnen von der Redaktion fiktive Namen, Berufe, Dialoge u. Ä. zugeordnet oder diese Personen in bestimmte Kontexte gesetzt werden, dienen diese Zuordnungen und Darstellungen ausschließlich der Veranschaulichung und dem besseren Verständnis des Inhalts.

© Verlag an der Ruhr 2025
Wilhelmstr. 20, 45468 Mülheim an der Ruhr,
E-Mail: info@verlagruhr.de
ISBN 978-3-8346-6801-1

Inhaltsverzeichnis

4 | Vorwort

6 | Einleitung: Das Mengenverständnis als Grundlage für erfolgreiches Rechnen

Natürliche Zahlen

12 | Dinospiel

14 | Dinospiel Zahlenraum bis 10 (KV)

15 | Dinospiel Zahlenraum bis 50 (KV)

16 | Paare finden (KV)

17 | Plättchen vermehren (KV)

18 | Stellenwerttafel üben

19 | Stellenwerttafel (KV)

20 | Stellenwerttafel Dezimalstellen (KV)

21 | Fliegen fangen

22 | Fliegen fangen (KV)

23 | Alles gleich

24 | Alles gleich (KV)

Längen

27 | Übersichtsblatt „Längen" (KV)

28 | Ordne zu! (KV)

29 | Paare finden (KV)

30 | Domino (KV)

31 | Ich habe – Du hast (KV)

Flächen

34 | Übersichtsblatt „Flächen" (KV)

35 | Ordne zu! (KV)

36 | Paare finden (KV)

37 | Domino (KV)

38 | Ich habe – Du hast (KV)

40 | Kästchen zählen (KV)

Volumen

42 | Übersichtsblatt „Volumen"(KV)

43 | Ordne zu! (KV)

44 | Paare finden (KV)

45 | Domino (KV)

46 | Ich habe – Du hast (KV)

Gewichte

49 | Übersichtsblatt „Gewichte" (KV)

50 | Ordne zu! (KV)

51 | Paare finden (KV)

52 | Domino (KV)

53 | Ich habe – Du hast (KV)

55 | Was ist am schwersten? (KV)

56 | Tierbabys und ihre Eltern (KV)

57 | Wie viel wiegt eigentlich ein durchschnittlicher Mensch? (KV)

Geld

59 | Übersichtsblatt „Geld" (KV)

60 | Einkaufen mit Prospekten (KV)

61 | Wie kannst du bezahlen? (KV)

62 | Gemeinsam im Restaurant essen gehen (KV)

63 | Ich habe – Du hast (KV)

Vorwort

Das vorliegende Buch mit Kopiervorlagen zum Thema „Basiswissen Mengenverständnis" bietet Lehrkräften eine wertvolle Ressource, um das Mengenverständnis der Lernenden gezielt zu stärken und weiter auszubauen. Ein grundlegendes Mengenverständnis ist die Basis für erfolgreiches Mathematiktreiben und daher unerlässlich für den Erwerb weiterer mathematischer Kompetenzen.

Studien wie PISA und TIMMS zeigen, dass viele wichtige mathematische Kompetenzen nicht oder nicht vollständig erworben werden, sodass es zu großen Lernlücken im Verlauf des Schullebens kommt. Um dem entgegenzuwirken, ist es unerlässlich, im laufenden Schuljahr immer wieder Übungen einzusetzen, die das Mengenverständnis stärken – nur so ist es den lernschwächeren Schüler*innen[1] möglich, Lernhürden zu überwinden. Der Erwerb mathematischer Basiskompetenzen hat neben dem erhöhten Lernzuwachs den Vorteil, dass die Lernenden motivierter sind und auch bei neuen Themeninhalten besser auf vorhandenes Vorwissen zurückgreifen können.

Zur Förderung des Mengenverständnisses ist es wichtig, unterschiedliche Darstellungsformen anzusprechen. Der Einsatz haptischer Materialien ist daher unerlässlich. Das enaktive Arbeiten und damit das Begreifen von einzelnen Mengen und deren Größen ermöglichen den Lernenden ein besseres Verständnis für Konzepte wie Addition, Subtraktion sowie das Vergleichen von Mengen. Es muss allerdings darauf geachtet werden, dass die Lernenden immer wieder die Verknüpfung zwischen haptischen Materialien und symbolischer (mathematischer) Schreibweise üben. Aus diesem Grund liegt bei den vorliegenden Materialien ein Fokus auf der Verbindung von unterschiedlichen Bildern und mathematischen Schreibweisen. Durch den Einsatz von Spielen sind die Lernenden außerdem motivierter, die mathematischen Inhalte zu wiederholen[2].

In diesem Buch wird das Mengenverständnis durch die Themen „Natürliche Zahlen", „Größen" und „Geld" gefördert. Diese Themen sind nicht nur zentral für die Mathematik, sondern auch für das tägliche Leben:

» **Natürliche Zahlen**: Das Zählen und der Umgang mit natürlichen Zahlen sind die Grundlage für viele mathematische Konzepte. Ein solides Verständnis von Mengen hilft den Lernenden, Beziehungen zwischen Zahlen zu erkennen und mathematische Operationen zu verstehen.

» **Größen**: Das Verständnis von Größen und deren Messung sind essenziell für viele Alltagssituationen. Ob beim Einkaufen oder beim Planen eines Raumes – die Schüler*innen müssen in der Lage sein, verschiedene Größen zu erfassen und sinnvoll miteinander zu vergleichen.

» **Geld**: Die Fähigkeit, mit Geld umzugehen, ist eine fundamentale Lebenskompetenz und Grundlage für gesellschaftliche Teilhabe. Das Verständnis von Geldbeträgen, Preisen und Wechselgeld ist nicht nur für die persönliche Finanzplanung wichtig, sondern auch für die Entwicklung eines verantwortungsvollen Umgangs mit Ressourcen.

[1] Der Verlag an der Ruhr legt großen Wert auf eine geschlechtergerechte und inklusive Sprache. Daher nutzen wir neutrale Formulierungen oder das Gendersternchen, um alle Menschen unabhängig von Geschlecht oder Geschlechtsidentität einzuschließen. In Texten für Schüler*innen finden sich aus didaktischen Gründen neutrale Begriffe bzw. Doppelformen.

[2] Weiteres zum Thema Rechenschwächen und die Rolle der unterschiedlichen Darstellungsformen kann man beispielsweise bei Steinecke, Annalisa und Ulm, Volker (2025): Rechenschwächen in der Sekundarstufe, Cornelsen (S. 35 ff.), finden.

Vorwort

Hinweise zu den Materialien

Alle Materialien in diesem Buch sind so gestaltet, dass sie leicht im Unterricht eingesetzt werden können. Es empfiehlt sich, alle Materialien, die beim Bearbeiten der Kopiervorlagen benötigt werden, in einer Lerntheke an einem festgelegten Platz für die Lernenden zur Verfügung zu stellen. Dies fördert die Selbstständigkeit und ermöglicht den Schüler*innen, aktiv und eigenverantwortlich zu lernen.
Die Spielkarten, beispielsweise für Domino, können sowohl von den Lehrkräften als auch von den Lernenden ausgeschnitten werden. Die Erfahrung zeigt jedoch, dass das Ausschneiden von solchen Karten teils sehr viel Zeit in Anspruch nehmen kann (ca. 10–15 Minuten). Um Unterrichtszeit zu sparen und die Wiederverwendbarkeit der Karten zu gewährleisten, ist es daher ratsam, die Karten zuvor selbst auszuschneiden und zu laminieren. Durch das Einlaminieren bleiben die Karten länger haltbar und können in verschiedenen Unterrichtseinheiten immer wieder eingesetzt werden.
Einige Spiele, wie „Ordne zu!", „Paare finden" oder „Ich habe – Du hast", kommen in mehreren Kapiteln vor. Deshalb wird in der nachfolgenden Einleitung erklärt, wie diese Spiele funktionieren und was dabei zu beachten ist. Dies erleichtert die Vorbereitung und ermöglicht einen reibungslosen Ablauf im Unterricht.

Ich wünsche Ihnen viel Freude und Erfolg beim Einsatz der Kopiervorlagen und bei der Förderung des Mengenverständnisses Ihrer Lernenden!

Dr. Pauline Struve

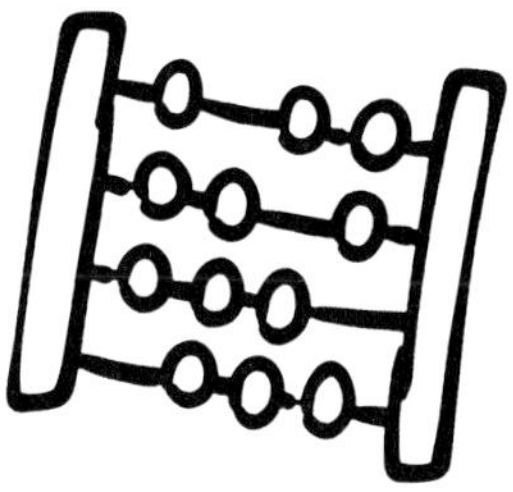

Einleitung

Das Mengenverständnis als Grundlage für erfolgreiches Rechnen

Mathematik gilt als eine der grundlegenden Disziplinen, die in vielen Bereichen des Lebens und der Wissenschaft eine entscheidende Rolle spielt. Das Mengenverständnis ist dabei die wohl wichtigste Basiskompetenz für einen nachhaltigen mathematischen Erfolg. Dieses Verständnis bildet das Fundament für nahezu alle mathematischen Operationen und Konzepte, angefangen von den Grundrechenarten bis hin zu komplexeren mathematischen Strukturen. In dieser Einleitung wird erläutert, warum das Mengenverständnis so wichtig ist und wie es im Mathematikunterricht gefördert werden kann.

Was ist Mengenverständnis?

Mengenverständnis bezeichnet die Fähigkeit, Mengen von Objekten zu erkennen, zu vergleichen und zu quantifizieren. Es umfasst also nicht nur das Zählen, sondern auch das Vergleichen von Mengen, das Erkennen von Gleichheiten und Ungleichheiten sowie das Verständnis von Teilmengen und der Kardinalität (Anzahl der Elemente in einer Menge). Diese grundlegenden Fähigkeiten werden zum einen benötigt, um spätere mathematische Konzepte wie Addition, Subtraktion, Multiplikation und Division zu verstehen und anzuwenden. Zum anderen ist ein tief sitzendes Mengenverständnis auch die Grundlage für den Erwerb weiterer (nicht nur mathematischer) Fähigkeiten – denken Sie zum Beispiel an Fairness beim Aufteilen.
Kinder beginnen bereits im frühen Alter, ein intuitives Mengenverständnis zu entwickeln. Sie können oft erkennen, ob eine Menge größer, kleiner oder gleich einer anderen ist, auch wenn sie die exakte Anzahl der Elemente nicht genau bestimmen können. Diese intuitive Fähigkeit bildet den Ausgangspunkt für das formale Lernen von Zahlen und Rechenoperationen, sodass mit dem Schulbeginn an diese Fähigkeiten angeknüpft wird. Durch konkrete Strategien, wie geschicktes Bündeln und Einteilen, kann dieses intuitive Wissen erweitert und aufgebaut werden.
Die Hauptschwierigkeiten bei den Lernenden sind zum einen die Verwechslung von Menge und Anzahl und zum anderen die fehlende Differenzierung zwischen Mengen und Teilmengen.
Die **Unterscheidung zwischen Menge und Anzahl**, also die Unterscheidung zwischen drei Äpfeln (Menge) und der Zahl 3 (Anzahl der Elemente), ist vor allem dann wichtig, wenn es um die Grundrechenarten geht. So müssen die Schüler*innen verstanden haben, dass man beispielsweise bei der Addition zwei Mengen addiert und nicht nur einzelne Elemente abzählt. Auch für den Aufbau weiterer Zahlvorstellungen ist die Unterscheidung zwischen der Anzahl (der Kardinalität) und der Menge von großer Bedeutung.
Die **Unterscheidung zwischen Mengen und Teilmengen** spielt vor allem beim Verständnisaufbau von hierarchischen Strukturen, wie der Teilmenge von unterschiedlichen Zahlbereichen, eine Rolle. Aber auch bei der Bruchrechnung ist die Kenntnis über die Gesamtmenge im Unterschied zur Teilmenge zwingend notwendig.

Einleitung

Strategien zur Förderung des Mengenverständnisses

Um das Mengenverständnis effektiv und nachhaltig zu fördern, sollten im Mathematikunterricht verschiedene didaktische Ansätze und Materialien eingesetzt werden. Hier sind einige bewährte Strategien:
Konkrete Materialien und visuelle Hilfsmittel: Der Einsatz von konkreten Materialien wie Zählsteinen, Perlen oder Bildern hilft Schüler*innen, abstrakte Mengenbegriffe greifbar zu machen. Visuelle Hilfsmittel wie Diagramme und Grafiken unterstützen das Verständnis von Mengenbeziehungen. Auch das sogenannte Dienes-Material kann beim Visualisieren von Bündelungsprozessen hilfreich sein.
Spielerische Aktivitäten und Übungen: Spiele und Aktivitäten, die das Zählen, Vergleichen und Ordnen von Mengen beinhalten, machen das Lernen interessant und fördern die aktive Auseinandersetzung mit mathematischen Konzepten. Beispiele sind Würfelspiele, Puzzles und Memo-Spiele.
Alltagsbezogene Aufgabenstellungen: Durch den Bezug zu alltäglichen Situationen können Schüler*innen die Relevanz von Mengenverständnis erkennen. Aufgaben, die sich auf reale Situationen beziehen, wie das Einkaufen oder das Planen von Veranstaltungen, fördern das praktische Verständnis und die Anwendung mathematischer Konzepte. Vor allem beim Einkaufen werden die Lernenden immer wieder vor die Herausforderung gestellt, Mengen und Größen zu erkennen und einzuordnen (Stichwort: Mogelpackung).
Differenzierte und individualisierte Lernangebote: Schüler*innen haben unterschiedliche Lernvoraussetzungen und -geschwindigkeiten. Differenzierte und individualisierte Lernangebote ermöglichen es, gezielt auf die Bedürfnisse von Einzelnen einzugehen und das Mengenverständnis entsprechend zu fördern.

Wie ist das Buch aufgebaut und wie sollten die Materialien eingesetzt werden?

Das Buch beinhaltet wichtige grundlegende Übungen zum **Wiederholen und Festigen des Mengenverständnisses**. Die Übungen sind dafür angedacht, bestehende Lücken zu schließen und vorhandene Kompetenzen zu festigen. Somit stellen die Materialien eine gute Grundlage für den Mathematikunterricht dar und können in vielen Situationen, beispielsweise auch **themenunabhängig als Wiederholung**, eingesetzt werden. Auch in **Vertretungsstunden** ist der Einsatz gut denkbar, da die Materialien ohne große Erklärungen auch von fachfremden Lehrkräften eingesetzt werden könnten. Jedes Material enthält einen kurzen Erläuterungstext für die Lernenden, in dem erklärt wird, was zu tun ist und welche Materialien benötigt werden.
Um die Basiskompetenzen des Mengenverständnisses zu vertiefen, ist es sinnvoll, die Materialien regelmäßig einzusetzen. Da die Materialien oftmals einen spielerischen Charakter haben, können die Übungen i. d. R. auch mehrfach genutzt werden, ohne dass die Lernenden die Lust daran verlieren.
Zu Beginn der Kapitel findet sich ein Übersichtsblatt mit den wichtigsten Informationen rund um das Thema. Bei der letzten Aufgabe müssen Schätzungen angestellt und im Anschluss überprüft werden. Hierbei kann es ggf. sinnvoll sein, die Bearbeitung bzw. zumindest die Überprüfung der Schätzung nach Hause zu verlegen.

Hinweise zu mehrfach vorkommenden Spielen

Die Spiele „Ordne zu!", „Paare finden", „Domino" sowie „Ich habe – Du hast" kommen in mehreren Kapiteln vor, daher wird im Folgenden kurz erläutert, was beim Einsatz der Spiele zu beachten ist. Für alle Spiele gilt: Für eine höhere Lebensdauer der Karten ist es sinnvoll, diese vorab einzulaminieren. Da diese Spiele hier erläutert werden, gibt es im Heft keine gesonderten Lehrerhinweise dazu.

Paare finden

Benötigte Materialien:

- Kopiervorlage
- Scheren

Dauer:

ca. 35 Minuten

Vorbereitung:

Kopieren Sie die Kopiervorlage in ausreichender Anzahl (1 pro zwei Lernende).

So geht's:

1. Lassen Sie die Schüler*innen 2er-Teams bilden und teilen Sie jedem Team eine Vorlage und eine Schere aus. Weisen Sie die Teams an, ihre Vorlage zu zerschneiden.
2. Anschließend werden die Karten gemischt und mit den Bildern und Zahlen nach unten auf den Tisch gelegt.
3. Nacheinander werden nun jeweils zwei Karten gezogen. Sobald ein Paar aufgedeckt wurde, darf die jeweilige Person das Kartenpaar behalten und ist noch einmal dran.
4. Das Spiel ist beendet, sobald alle Paare gefunden wurden. Die Person mit den meisten Karten hat gewonnen.

Ordne zu!

Benötigte Materialien:

- Kopiervorlage

Dauer:

5–10 Minuten

Vorbereitung:

Kopieren Sie die Kopiervorlage in ausreichender Anzahl (1 Kopiervorlage pro Schüler*in).

So geht's:

Verteilen Sie die Kopiervorlagen und weisen Sie die Schüler*innen an, Paare zu verbinden.

Differenzierungshinweis:

Sobald alle zusammengehörenden Paare gefunden wurden, können eigene Paare erstellt werden. Dafür können entweder Zeitschriften genutzt werden oder die Lernenden nehmen selbst Fotos auf.

Domino

Benötigte Materialien:

- Kopiervorlage
- Scheren

Dauer:

ca. 30 Minuten

Vorbereitung:

Kopieren Sie die Kopiervorlage in ausreichender Anzahl (1 Kopiervorlage pro zwei Lernende).

So geht's:

1. Lassen Sie die Schüler*innen 2er-Teams bilden und teilen Sie jedem Team eine Vorlage und eine Schere aus. Weisen Sie die Teams an, ihre Vorlage zu zerschneiden.
2. Anschließend sollen die Dominokarten so ausgeteilt werden, dass jede Person gleich viele hat. Alle legen ihre Karten verdeckt auf einen Stapel vor sich.

3. Die übrig gebliebene Karte ist die Startkarte. Eine Person beginnt und dreht eine Karte des eigenen Stapels um. Wenn eine der beiden Seiten an die ausgelegte Karte passt, kann die Karte angelegt werden. Die Person ist noch einmal dran. Kann die Person ihre Karte nicht anlegen, ist die nächste Person dran. Die umgedrehte Karte wird vor die Person gelegt und kann bei nächster Gelegenheit zum Anlegen genutzt werden.

Differenzierungshinweis:
Die Lernenden können sich auch eigene Dominokarten ausdenken.

Ich habe – Du hast

Benötigte Materialien:

- Kopiervorlage
- Schere

Dauer:

ca. 30 Minuten

Vorbereitung:

Kopieren Sie die Vorlage in ausreichender Anzahl, sodass pro Schüler*in eine „Ich habe – Wer hat"-Karte vorhanden ist. Je nach Klassengröße kommen manche Karten doppelt vor. Zerschneiden Sie die Vorlage.

So geht's:

1. Teilen Sie an alle eine „Ich habe – Wer hat"-Karte aus.
2. Die Person mit der Startkarte beginnt. Sie liest ihre „Wer hat"-Frage laut vor (z. B. „Wer hat 50 mm in cm?").
3. Die anderen überlegen, ob sie die passende Antwort, also den „Ich habe"-Teil (z. B.: „Ich habe 5 cm.") haben und lesen ihn laut vor. Im Anschluss liest die Person mit der richtigen Lösung ihre „Wer hat"-Frage vor.

Das Spiel ist beendet, wenn alle ihre Frage gestellt haben und alle Antworten gefunden wurden.

Natürliche Zahlen

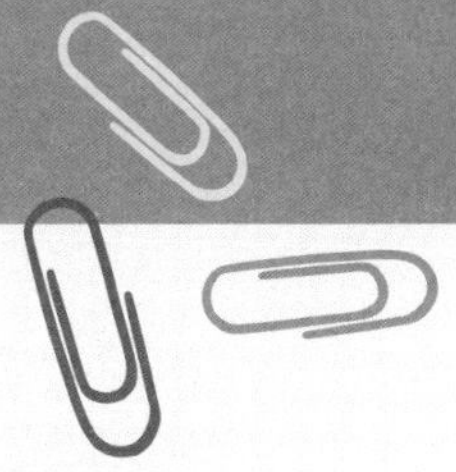

Das Verständnis von natürlichen Zahlen ist eng mit dem Mengenbegriff verknüpft, denn jede Zahl steht auch für die Größe einer bestimmten Menge von Elementen und das Zählen bedeutet, diesen Elementen Zahlen zuzuordnen. Mengen sind daher nicht nur eine einfache Sammlung von Objekten, sondern sie bilden vielmehr die Grundlage für alle Rechenoperationen, die später mit diesen Zahlen ausgeführt werden. Wenn Schüler*innen lernen, Mengen zu vergleichen, zu ordnen oder in Teilmengen zu zerlegen, entwickeln sie grundlegende mathematische Fähigkeiten, wie das Zählen, das Addieren und das Subtrahieren.

Wo treten Schwierigkeiten beim Mengenverständnis auf?

Schwierigkeiten treten immer dann auf, wenn Lernende den Unterschied zwischen der Zahl und der Menge nicht richtig verstehen. Einige Schüler*innen zählen zwar korrekt, haben aber keine klare Vorstellung davon, dass jede Zahl eine bestimmte Menge repräsentiert. Dies kann zu Schwierigkeiten beim Vergleichen von Mengen oder auch beim Erkennen von gleichwertigen Mengen, also Mengen, die gleich groß sind, obwohl die Zahl der Objekte unterschiedlich aussieht (zum Beispiel bei unregelmäßiger Anordnung), führen.

Wie kann man damit umgehen?

Um diesen Schwierigkeiten zu begegnen, ist es wichtig, dass die Schüler*innen mit konkreten Materialien arbeiten, wie z. B. Würfeln, Steinen oder anderen greifbaren Objekten. Solche visuellen und taktilen Hilfsmittel ermöglichen es den Schüler*innen, die Beziehung zwischen Zahlen und Mengen praktisch zu erleben. Auch das Zerlegen von Mengen in kleinere Gruppen und das wiederholte Zusammensetzen hilft, das Verständnis zu vertiefen. Durch den direkten Umgang mit realen Objekten werden abstrakte Zahlbegriffe anschaulicher und leichter verständlich. Neben solchen enaktiven Übungen ist es außerdem wichtig, die unterschiedlichen Repräsentationen von Zahlen zu verdeutlichen, damit sich die Lernenden ein entsprechendes Repertoire aneignen können.

Dinospiel

Benötigte Materialien pro Spiel:

- Spielfeld
- Würfel
- Stoppuhr
- Spielfigur

Dauer:

ca. 10 Minuten

Vorbereitung:

Kopieren Sie das Spielfeld in ausreichender Stückzahl (ein Spielfeld für 2 Lernende) und stellen Sie das benötigte Spielmaterial für die Lernenden zur Verfügung.

So geht's:

1. Lassen Sie die Klasse 2er-Teams bilden.
2. Lesen Sie die Kurzgeschichte zum Spiel vor, händigen Sie das Material aus und erklären Sie den Spielablauf.

Spielablauf:

- Die Lernenden positionieren eine Spielfigur, die stellvertretend für die Topfpflanze steht, auf dem dafür vorgesehenen (markierten) Feld.
- Lassen Sie jedes Team festlegen, wer in welche Richtung ziehen soll. Dadurch wird gleichzeitig bestimmt, wer im Anschluss addieren und wer subtrahieren muss.
- Die erste Person würfelt und muss nun rechnen: die Zahl, auf der die Topfpflanze steht, plus bzw. minus die Würfelzahl. Das Ergebnis ist der neue Standort der Pflanze (Spielfigur). Die Person darf die Pflanzen aber nur dann versetzen, wenn sie a) richtig gerechnet und b) das Ergebnis innerhalb von drei Sekunden errechnet hat. Dies wird von der anderen Person mithilfe der Stoppuhr kontrolliert.
- Die Person, die es schafft, die Pflanze in die eigene Höhle zu bringen, hat gewonnen.

3. Zeigen Sie anhand eines Rechenbeispiels, wie man beim Spielen vorgehen muss, um zu vermeiden, dass es Verständnisprobleme gibt.

Dinospiel

Differenzierungshinweis:

Es ist möglich, vorab durch die Lehrkraft bestimmen zu lassen, wer in welche Richtung zieht und dementsprechend das Addieren bzw. Subtrahieren übt.
Es gibt Kopiervorlagen in unterschiedlichen Zahlbereichen. Für die Kopiervorlage im Zahlenraum bis 50 ist es sinnvoll, einen Würfel mit mehr als sechs Seiten zur Verfügung zu stellen.

Kurzgeschichte zum Vorlesen

Die beiden Dinos haben riesigen Hunger! Am liebsten essen sie die Pflanze, die in einem Topf zwischen den beiden Dinohöhlen steht. Da die beiden Dinos ungern teilen, haben sie sich ein Spiel ausgedacht: Sie stellen die Topfpflanze in die Mitte der beiden Höhlen und würfeln abwechselnd. Nach jedem Würfeln darf die Topfpflanze innerhalb von 3 Sekunden so viele Schritte weiter in Richtung des eigenen Höhleneingangs gestellt werden, wie Augen gewürfelt wurden. Dabei muss gerechnet werden, Zählen ist nicht erlaubt.
Schafft es die Person nicht, die neue Position der Topfpflanze innerhalb von 3 Sekunden zu berechnen, ist die andere Person dran, ohne dass sich die Pflanze bewegt hat.
Gewonnen hat die Person, deren Dino die Pflanze in seine Höhle bringen kann.

Dinospiel Zahlenraum bis 10

Kopiervorlage

Du brauchst:

- Spielfeld
- Würfel
- Stoppuhr
- Spielfigur

So geht's:

1. Legt alle benötigten Materialien auf den Tisch und platziert die Spielfigur auf dem Feld mit der Pflanze.
2. Lest die Geschichte durch.
3. Überlegt euch, wer von euch in welche Höhle gehen möchte.
4. Startet mit einer Proberunde, in der einmal gewürfelt und gerechnet wird. Die Person, die nicht rechnet, startet die Stoppuhr.

Die beiden Dinos haben riesigen Hunger! Am liebsten essen sie die Pflanze, die in einem Topf zwischen den beiden Dinohöhlen steht. Diese Pflanze wird durch die Spielfigur dargestellt. Da die beiden Dinos ungern teilen, haben sie sich ein Spiel ausgedacht: Sie stellen die Topfpflanze (die Spielfigur) in die Mitte der beiden Höhlen und würfeln abwechselnd. Nach jedem Würfeln darf die Topfpflanze innerhalb von 3 Sekunden so viele Schritte weiter in Richtung des eigenen Höhleneingangs gestellt werden, wie Augen gewürfelt wurden. Dabei muss gerechnet werden, Zählen ist nicht erlaubt.
Schafft es die Person nicht, die neue Position der Topfpflanze innerhalb von 3 Sekunden zu berechnen, ist die andere Person wieder dran, ohne dass sich die Pflanze bewegt hat.
Gewonnen hat die Person, deren Dino die Pflanze als Erstes in seiner Höhle hat.

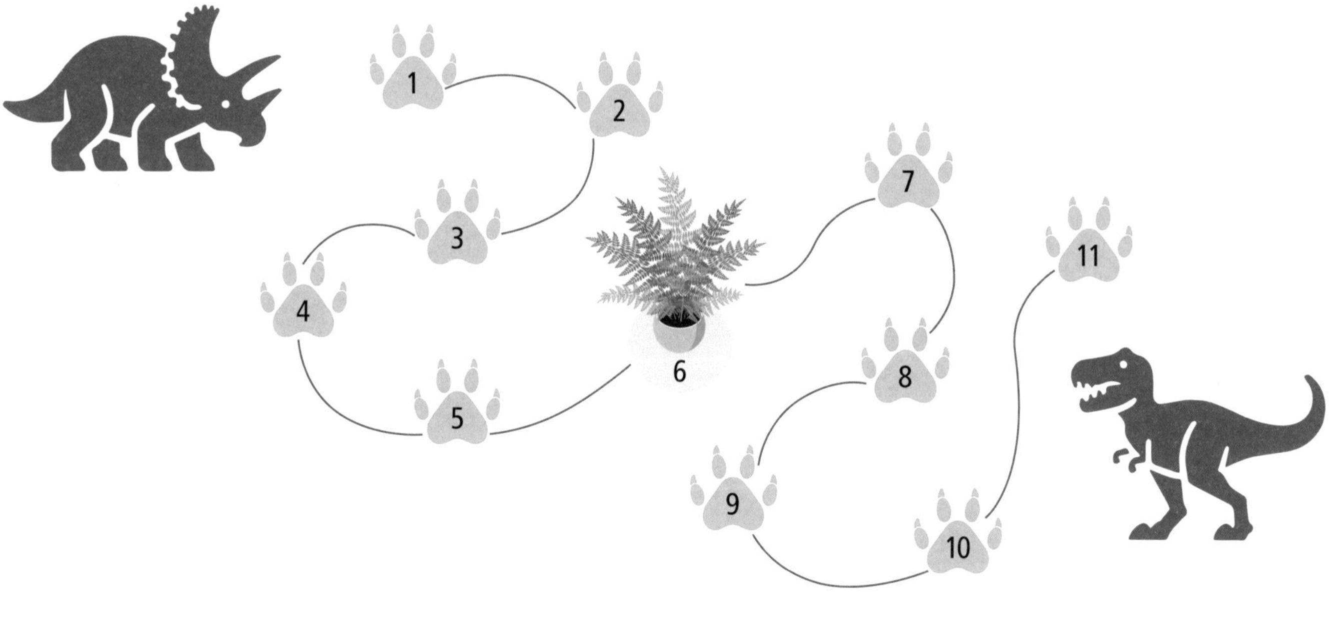

© Verlag an der Ruhr | Autorin: Dr. Pauline Struve | www.verlagruhr.de
Holzmuster © arigato, Dinos und Fußabdruck © Tollaru, Farn © marina_ua – alle Shutterstock.com

Dinospiel Zahlenraum bis 50

Kopiervorlage

Du brauchst:

- Spielfeld
- Würfel
- Stoppuhr
- Spielfigur

So geht's:

1. Legt alle benötigten Materialien auf den Tisch und platziert die Spielfigur auf dem Feld mit der Pflanze.
2. Lest die Geschichte durch.
3. Überlegt euch, wer von euch in welche Höhle gehen möchte.
4. Startet mit einer Proberunde, in der einmal gewürfelt und gerechnet wird. Die Person, die nicht rechnet, startet die Stoppuhr.

Die beiden Dinos haben riesigen Hunger! Am liebsten essen sie die Pflanze, die in einem Topf zwischen den beiden Dinohöhlen steht. Diese Pflanze wird durch die Spielfigur dargestellt. Da die beiden Dinos ungern teilen, haben sie sich ein Spiel ausgedacht: Sie stellen die Topfpflanze (die Spielfigur) in die Mitte der beiden Höhlen und würfeln abwechselnd. Nach jedem Würfeln darf die Topfpflanze innerhalb von 3 Sekunden so viele Schritte weiter in Richtung des eigenen Höhleneingangs gestellt werden, wie Augen gewürfelt wurden. Dabei muss gerechnet werden, Zählen ist nicht erlaubt.
Schafft es die Person nicht, die neue Position der Topfpflanze innerhalb von 3 Sekunden zu berechnen, ist die andere Person wieder dran, ohne dass sich die Pflanze bewegt hat.
Gewonnen hat die Person, deren Dino die Pflanze als Erstes in seiner Höhle hat.

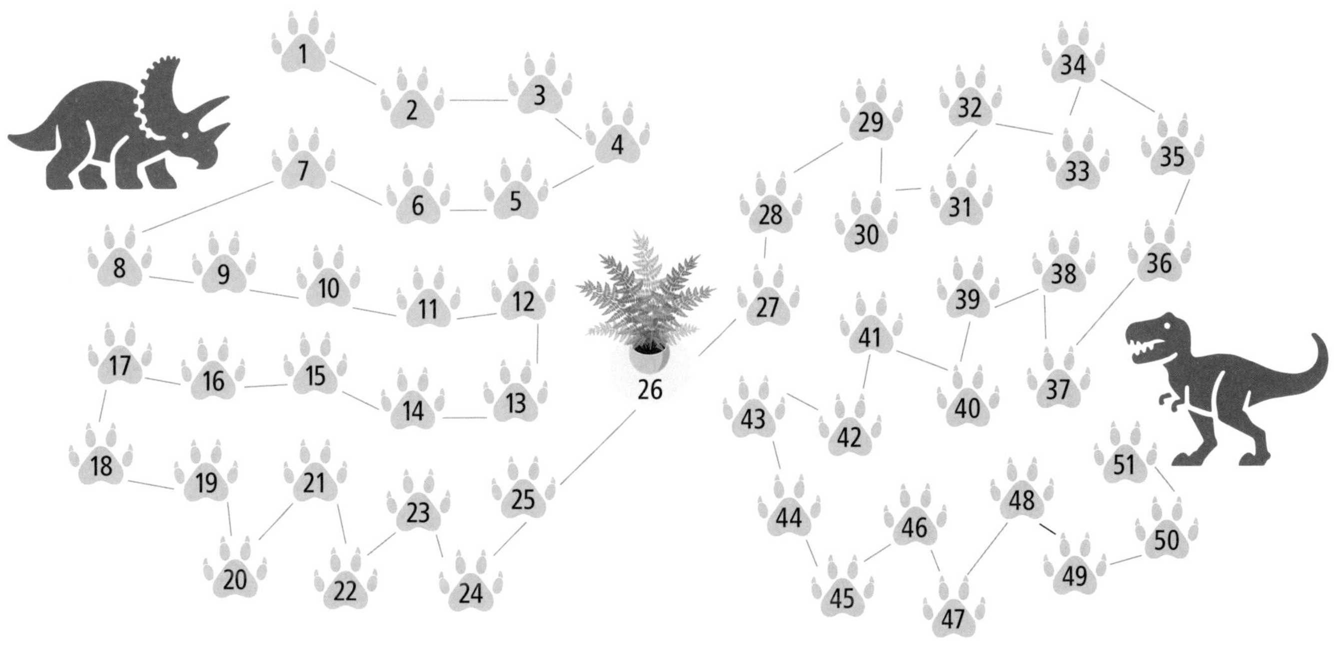

© Verlag an der Ruhr | Autorin: Dr. Pauline Struve | www.verlagruhr.de
Holzmuster © arigato, Dinos und Fußabdruck © Tollaru, Farn © marina_ua – alle Shutterstock.com

Paare finden

Du brauchst:

- Schere

So geht's:

1. Findet euch zu zweit zusammen.
2. Schneidet alle Karten einzeln aus.
3. Mischt die Karten und legt sie mit den Zahlen und Bildern nach unten auf den Tisch.
4. Deckt nun immer abwechselnd jeweils zwei Karten auf. Wenn es sich um den gleichen Wert handelt, dürft ihr die Karten behalten und seid noch einmal dran.
5. Gewonnen hat die Person, die am Ende die meisten Paare aufgedeckt hat.

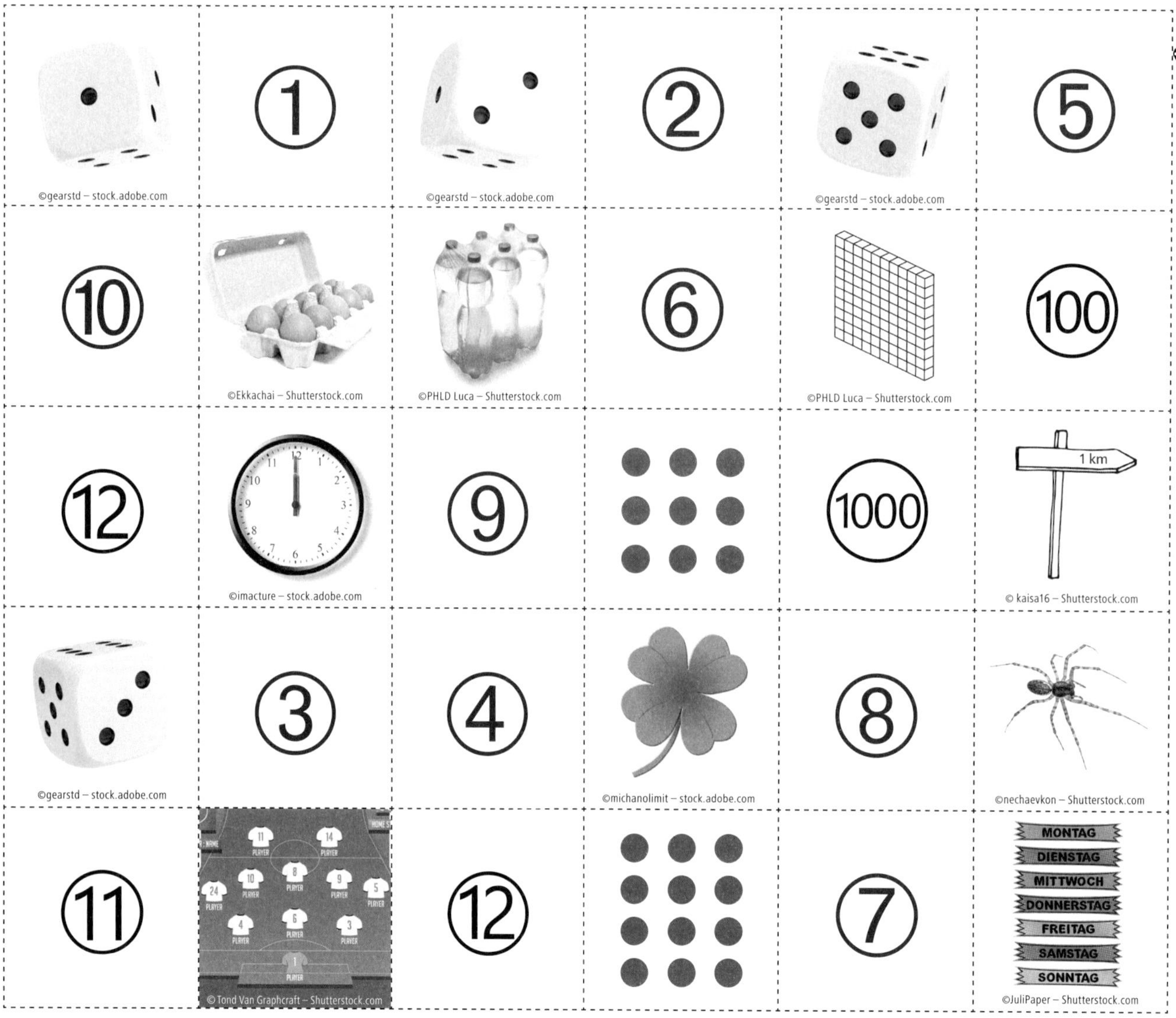

© Verlag an der Ruhr | Autorin: Dr. Pauline Struve | www.verlagruhr.de
Holzmuster © arigato, Büroklammern © KOKEDA – beide Shutterstock.com

Plättchen vermehren

Kopiervorlage

Du brauchst:

- Plättchen
- Spiegel

So geht's:

1. Nimm dir eine beliebige Anzahl an Plättchen und lege sie geordnet in das linke Feld. Schreibe unter das Feld, wie viele Plättchen du gelegt hast.
2. Halte nun den Spiegel auf die gestrichelte Linie.
3. Ergänze nun deine Zeichnung, indem du die im Spiegel sichtbaren Plättchen in das rechte Feld einzeichnest. Notiere außerdem, wie viele Plättchen man nun insgesamt sieht.
4. Beantworte die Fragen.

Anzahl der Plättchen:	

Mit dem Spiegel sieht man nun insgesamt .... Plättchen. Wie ist das möglich?

....

....

....

Was passiert, wenn man ein Plättchen auf die gestrichelte Linie legt?
Probiere es aus und notiere deine Beobachtungen.

Anzahl der Plättchen:	

Mit dem Spiegel sieht man nun insgesamt .... Plättchen. Wie ist das möglich?

....

....

....

© Verlag an der Ruhr | Autorin: Dr. Pauline Struve | www.verlagruhr.de
Holzmuster © arigato – Shutterstock.com

Stellenwerttafel üben

Benötigte Materialien:

- Kopiervorlage
- Scheren

Dauer:

25 Minuten

Vorbereitung:

Kopieren Sie die Kopiervorlage in passender Anzahl (1 Vorlage pro Person).

So geht's:

1. Verteilen Sie die Kopiervorlagen und Scheren an die Schüler*innen.
2. Lassen Sie nun die Ziffern von 0–9 von der Vorlage ausschneiden und einmal in der Mitte falten.
3. Weisen Sie die Schüler*innen an, für jedes Feld der Stellenwerttafel einen Zettel zu ziehen, die Zahl einzutragen und den Zettel danach wieder zurückzulegen, damit bei jeder Stelle der Stellenwerttafel alle Ziffern zur Verfügung stehen.
4. Wenn alle Stellen der Stellenwerttafel beschriftet sind, soll die Zahl noch einmal als Zahl und als Zahlwort aufgeschrieben werden.

Differenzierungshinweis:

Um diese Übung auch mit höheren Klassenstufen zu nutzen, kann man die Stellenwerttafel auch mit Nachkommastellen (siehe Kopiervorlage „Stellenwerttafel Dezimalstellen") nutzen.

Stellenwerttafel

Kopiervorlage

Du brauchst:

- Schere
- Stift

So geht's:

1. Schneide die Ziffern 0–9 unten auf dem Blatt aus und falte die entstandenen Zettel einmal in der Mitte.
2. Befülle nun die Felder der Stellenwerttafel. Ziehe dafür einen der Zettel und trage den gezogenen Wert in das erste Feld ein. Falte nun den Zettel wieder zusammen und lege ihn zurück zu den anderen, damit du immer alle Ziffern zur Verfügung hast. Ziehe anschließend einen neuen Zettel für das nächste Feld. Mache so weiter, bis alle Felder der Stellenwerttafel gefüllt sind.
3. Notiere die gesamte Zahl und das Zahlwort im Anschluss in die dafür vorgesehenen Spalten.

Zehntausender	Tausender	Hunderter	Zehner	Einer	Zahl	Zahlwort

Bitte ausschneiden und einmal falten:

0	1	2	3	4	5	6	7	8	9

© Verlag an der Ruhr | Autorin: Dr. Pauline Struve | www.verlagruhr.de
Holzmuster © arigato – Shutterstock.com

Stellenwerttafel Dezimalstellen

Kopiervorlage

Du brauchst:

- Schere
- Stift

So geht's:

1. Schneide die Ziffern 0–9 unten auf dem Blatt aus und falte die entstandenen Zettel einmal in der Mitte.
2. Fülle nun die Felder der Stellenwerttafel. Ziehe dafür einen Zettel und trage den gezogenen Wert in das erste Feld ein. Falte nun den Zettel wieder zusammen und lege ihn zurück zu den anderen, damit du immer alle Ziffern zur Verfügung hast. Ziehe anschließend einen neuen Zettel für das nächste Feld. Mache so weiter, bis alle Felder der Stellenwerttafel gefüllt sind.
3. Notiere die gesamte Zahl und das Zahlwort im Anschluss in die dafür vorgesehenen Spalten.

Hunderter	Zehner	Einer	Zehntel	Hundertstel	Tausendstel	Zahl	Zahlwort

Bitte ausschneiden und einmal falten:

0	1	2	3	4	5	6	7	8	9

© Verlag an der Ruhr | Autorin: Dr. Pauline Struve | www.verlagruhr.de
Holzmuster © arigato, Büroklammern © KOKEDA – beide Shutterstock.com

Fliegen fangen

Benötigte Materialien:

- Kopiervorlage
- 2 Fliegenklatschen
- Laminierfolien und Laminiergerät
- wegwischbarer Folienstift
- Magnete

Dauer:

20 Minuten

Vorbereitung:

1. Notieren Sie Rechenaufgaben, die Sie Ihren Schüler*innen stellen möchten, auf einem Notizzettel.
2. Drucken Sie die Fliegenkarten in ausreichender Anzahl (pro Aufgabe eine Fliege) aus, schneiden Sie sie aus und laminieren Sie sie, damit sie länger halten und wiederverwendbar sind.
3. Schreiben Sie die Lösungen der Aufgaben mit einem Folienstift gut lesbar auf jeweils eine Fliege.

So geht's:

1. Befestigen Sie die Fliegen mithilfe der Magnete an der Tafel.
2. Wählen Sie zwei Schüler*innen aus der Klasse aus, die gegeneinander antreten sollen. Lassen Sie die beiden nach vorn kommen und geben Sie ihnen jeweils eine Fliegenklatsche.
3. Erklären Sie die Spielregeln (s. u.) und starten Sie eine Proberunde.
4. Sagen Sie die zu rechnende Aufgabe und lassen Sie die Lernenden auf die Fliege mit dem richtigen Ergebnis klatschen.
5. Die Person, die die meisten richtigen Fliegen erwischt hat, hat gewonnen.

Spielregeln:

» Die zwei Lernenden vorn bekommen eine Aufgabe gestellt und rechnen gleichzeitig. Wer das Ergebnis errechnet hat, sucht die Fliege mit der passenden Zahl und klatscht drauf.

» Die übrigen Schüler*innen sind Joker, rechnen mit und können bei Bedarf um Hilfe gefragt werden.

Differenzierungshinweis:

Um das Spiel noch etwas schwieriger zu gestalten, können Sie mehrere Lösungen erstellen, die zu keiner Aufgabe gehören. Möglich ist es auch, dass die Spielenden nach jeder Runde wechseln, damit alle mitspielen können.

Das Spiel kann auch in Freiarbeitsphasen eingesetzt werden. Dann benötigt man drei Spieler*innen pro Gruppe: zwei, die gegeneinander spielen, und eine neutrale Person, die die Aufgaben nennt und die Lösungen kontrolliert.

Fliegen fangen

Kopiervorlage

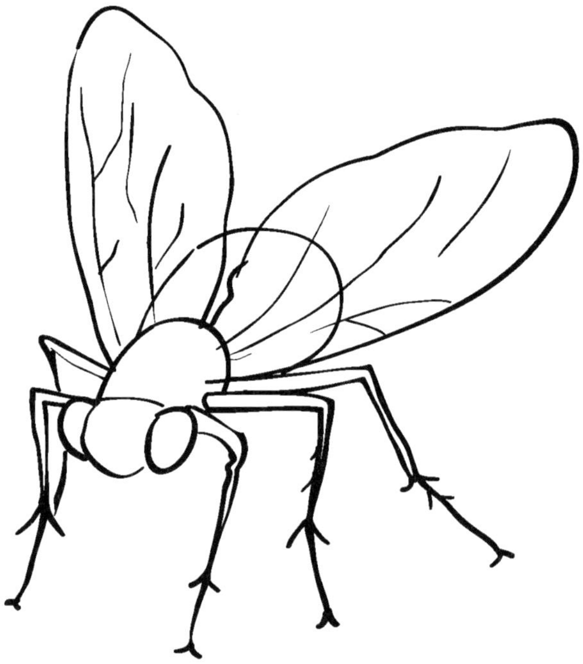

Abb.: Dorothee Wolters

Abb.: Dorothee Wolters

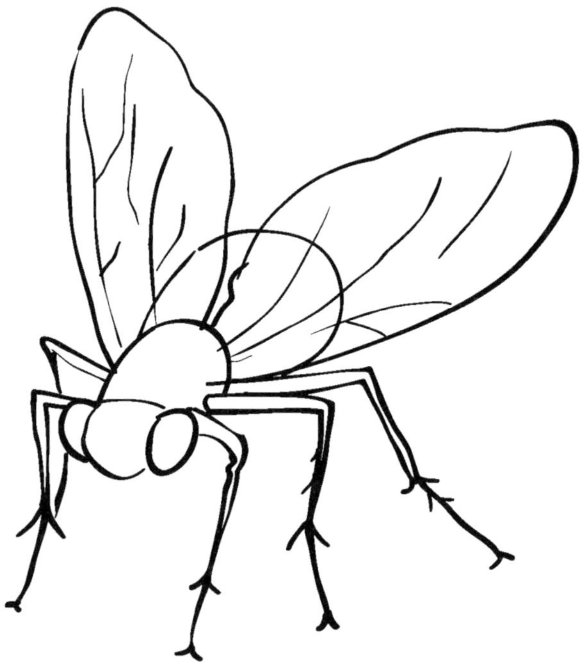

Abb.: Dorothee Wolters

Abb.: Dorothee Wolters

© Verlag an der Ruhr | Autorin: Dr. Pauline Struve | www.verlagruhr.de
Holzmuster © arigato – Shutterstock.com

Alles gleich

Benötigte Materialien:

- Kopiervorlage
- Scheren
- pro Spielgruppe eine Hupe, Buzzer o. Ä.

Dauer:

ca. 35 Minuten

Vorbereitung:

Kopieren Sie die Vorlage in ausreichender Anzahl (3 pro Gruppe) und stellen Sie die Materialien den Lernenden zur Verfügung.

So geht's:

1. Bilden Sie Kleingruppen (ca. 2–6 Personen).
2. Verteilen Sie die Materialien an die jeweiligen Gruppen, lassen Sie die Schüler*innen die Karten ausschneiden und erklären Sie die Spielregeln:
   a) Die Lernenden teilen die Karten gleichmäßig untereinander auf und legen sie verdeckt auf einen Stapel vor sich.
   b) Die Lernenden decken reihum jeweils eine Karte auf.
   c) Wenn auf den offenen Karten mindestens zweimal die gleiche Anzahl abgebildet ist, müssen die Spielenden schnell auf die Hupe in der Mitte schlagen. Dabei gilt: Es muss sich um dieselbe Menge handeln, nicht um dasselbe Bild!
   d) Die schnellste Person bekommt alle aufgedeckten Karten.
   e) Das Spiel ist beendet, wenn eine Person alle Karten hat oder wenn eine festgelegte Zeit vorbei ist. Die Person mit den meisten Karten gewinnt.

Differenzierungshinweis:

Das Spiel kann auch als Zusatzmaterial oder in Gruppenarbeitsphasen eingebaut werden.

Alles gleich (1/2)

Kopiervorlage

Du brauchst:

- Schere

So geht's:

1. Bildet Gruppen mit 2 bis 6 Personen.
2. Holt euch die Karten und die Hupe. Schneidet die Karten, wenn nötig, aus.
3. Jeder und jede von euch bekommt gleich viele Karten und legt sie als verdeckten Stapel vor sich hin.
4. Jetzt deckt ihr nacheinander eine Karte von eurem Stapel auf.
5. Sobald mindestens zwei gleiche Zahlen auf den aufgedeckten Karten zu sehen sind, müsst ihr schnell auf die Hupe schlagen! Wichtig: Es geht um die gleiche Menge, nicht um das gleiche Bild!
6. Wer am schnellsten hupt, gewinnt alle aufgedeckten Karten.
7. Das Spiel endet, wenn eine Person alle Karten hat oder wenn die Zeit vorbei ist. Die Person mit den meisten Karten gewinnt.

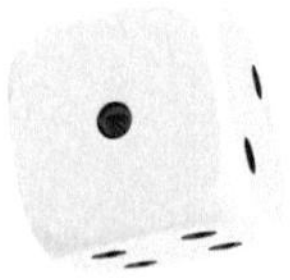 ©gearstd – stock.adobe.com	①	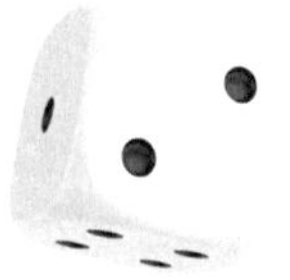 ©gearstd – stock.adobe.com	②	 ©gearstd – stock.adobe.com	⑤
⑩	 ©Ekkachai – Shutterstock.com	 ©PHLD Luca – Shutterstock.com	⑥	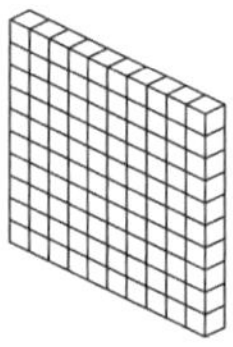 ©PHLD Luca – Shutterstock.com	(100)
⑫	 ©imacture – stock.adobe.com	⑨	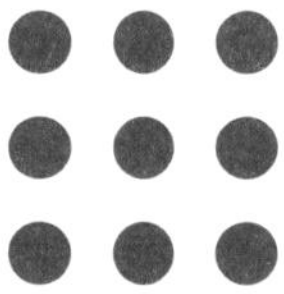	(1000)	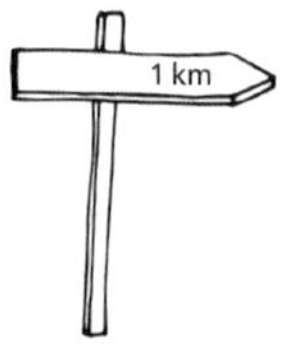 © kaisa16 – Shutterstock.com
 ©gearstd – stock.adobe.com	③	④	 ©michanolimit – stock.adobe.com	⑧	 ©nechaevkon – Shutterstock.com

© Verlag an der Ruhr | Autorin: Dr. Pauline Struve | www.verlagruhr.de
Holzmuster © arigato, Büroklammern © KOKEDA – beide Shutterstock.com

Alles gleich (2/2)

Kopiervorlage

11	 © Tond Van Graphcraft – Shutterstock.com	20	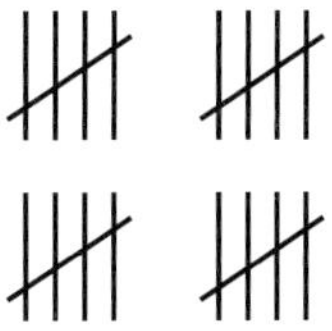	7	 ©JuliPaper – Shutterstock.com
 © BlueRingMedia – Shutterstock.com	 © sadi sadit – Shutterstock.com	 © Agnieszka Karpinska – Shutterstock.com	 © SpicyTruffel – stock.adobe.com		 ©gearstd – stock.adobe.com
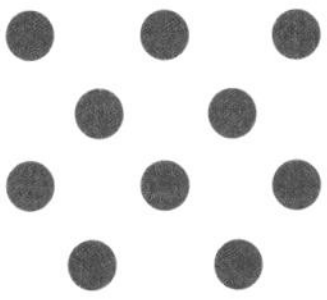	 ©Ekkachai – Shutterstock.com	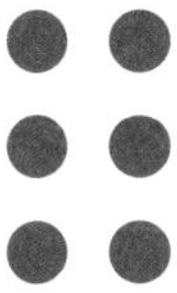	6	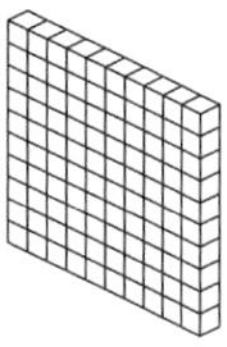 ©PHLD Luca – Shutterstock.com	100
12	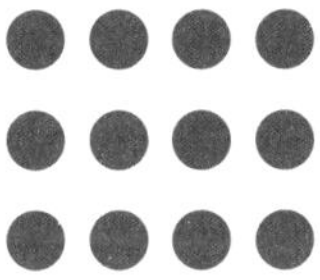	9	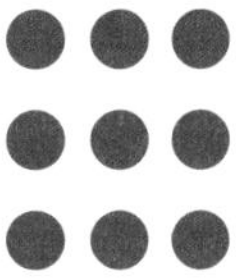	1000	 © kaisa16 – Shutterstock.com
 © iv.rymm – Shutterstock.com	3	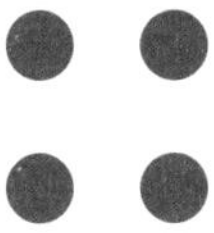	4	8	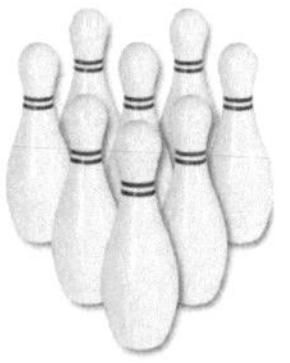 © Shy Radar – Shutterstock.com
11	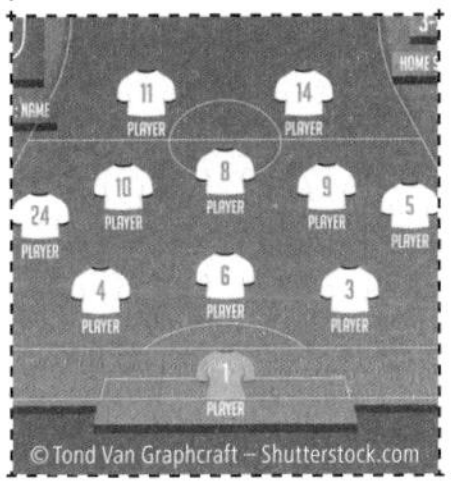 © Tond Van Graphcraft – Shutterstock.com	20	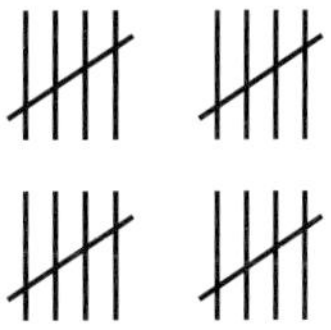	7	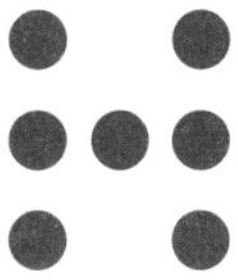

© Verlag an der Ruhr | Autorin: Dr. Pauline Struve | www.verlagruhr.de
Holzmuster © arigato – Shutterstock.com

Längen

Beim **Messen von Längen** wird das Mengenverständnis in einer neuen Dimension angewandt, da hier eine kontinuierliche Größe, also eine Strecke, als eine Art Menge betrachtet wird. Das Abmessen von Längen kann als das Vergleichen von Teilmengen dieser Länge verstanden werden. Ein korrektes Verständnis erfordert die Einsicht, dass Längen nicht einfach gezählt, sondern mit einer geeigneten Maßeinheit gemessen werden müssen.

Wo sind die Schwierigkeiten?

Die Hauptschwierigkeit beim Übergang von natürlichen Zahlen zu Längen ist die Tatsache, dass die Lernenden es gewohnt sind, Mengen als etwas Diskretes (wie beispielsweise Äpfel oder Birnen) zu betrachten. Längen hingegen stellen eine kontinuierliche Menge dar, bei der es nun keine abzählbare Menge mehr gibt. Diese Abstraktion stellt viele Lernende vor Probleme. Ein häufiges Missverständnis ist, dass Schüler*innen glauben, die Länge hängt von der Form oder der Anordnung ab, z. B. wenn sie Längen messen, die in einer Kurve verlaufen.

Wie kann man damit umgehen?

Um diese Schwierigkeiten zu überwinden, ist es sinnvoll, mit **konkreten, zählbaren Maßeinheiten** zu beginnen, wie z. B. kleinen Blöcken oder Linealen, die die Länge in überschaubare Teile zerlegen. Indem Schüler*innen die Länge in einzelnen Schritten messen, können sie den Übergang von diskreten zu kontinuierlichen Mengen besser verstehen. Es ist auch hilfreich, wenn die Lernenden verschiedene Längen direkt miteinander vergleichen und mit realen Objekten arbeiten, um ein Gefühl für das Messen zu entwickeln. Die Orientierung an Referenzgrößen hilft den Lernenden dabei, ein Gefühl für die Größe der Menge zu bekommen.

Übersichtsblatt „Längen“

Kopiervorlage

Die Länge gibt an, wie lang etwas ist.

Welche Einheiten für Längen kennst du? Fülle die Tabelle aus!

Einheit	Abkürzung	Beispiel
Meter		Ein Tisch ist etwa 1 Meter lang.
Zentimeter		Eine Schere ist etwa 20 Zentimeter lang.
Millimeter		Die Dicke eines Blattes ist 0,1 Millimeter.
Kilometer		Der Schulweg ist 2 Kilometer lang.

Ergänze!

- 1 m = ... cm
- 1 cm = ... mm
- 1 km = ... m

Ordne von lang nach kurz!

200 mm, 3 m, 1500 mm, 2 km, 0,5 m, 25 cm

Was ist länger? Ergänze das passende Zeichen (<, > oder =)!

- 1 m Seil .... 100 cm Band
- 50 mm Lineal .... 5 cm Stift
- 3 km Wanderweg .... 3000 m Fahrradstrecke

Schätze die Länge folgender Gegenstände!

- Mein Lineal:
- Mein Bleistift:
- Mein Schuh:
- Mein Arm:

Miss und notiere die genauen Längen!

- Mein Lineal:
- Mein Bleistift:
- Mein Schuh:
- Mein Arm:

Wusstest du schon?

- Wenn du deine Arme ausstreckst, entspricht die Länge von Mittelfingerspitze zu Mittelfingerspitze genau deiner Körpergröße!
- Dein Fuß ist genauso lang wie dein Unterarm!

Lösungen:

- Meter: m, Zentimeter: cm, Millimeter: mm, Kilometer: km
- 1 m = 100 cm, 1 cm = 10 mm, 1 km = 1000 m
- 2 km, 3 m, 1500 mm, 0,5 m, 25 cm, 200 mm
- =, =, =
- Individuelle Lösungen

© Verlag an der Ruhr | Autorin: Dr. Pauline Struve | www.verlagruhr.de
Holzmuster © arigato – Shutterstock.com

Ordne zu!

So geht's:

Verbinde die Paare, die zusammengehören.

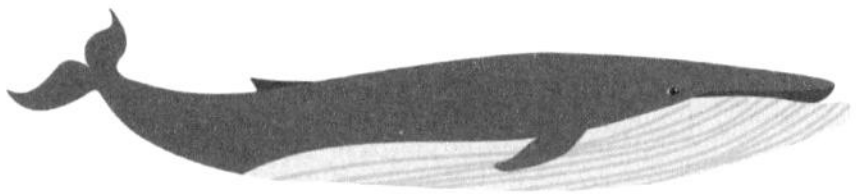

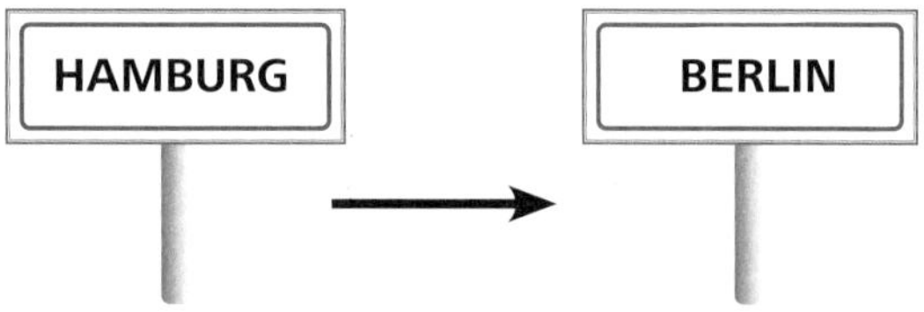

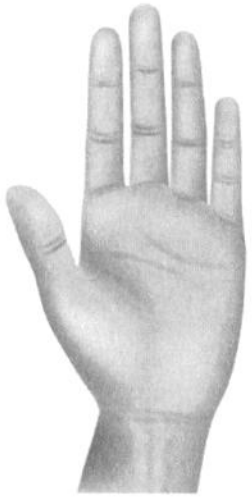

- 1 cm
- 15 cm
- 2 cm
- 1 m
- 25 m
- 170 cm
- 300 km
- 1 dm

Blauwal: © Quang Vinh Tran, Tisch: © klyaksun, Hand: © ONYXprj, Person: © Chipmunk131 – alle Shutterstock.com; Stift: © SpicyTruffel, Büroklammer: © saknakorn – beide stock.adobe.com; Cent-Münze: © Europäische Zentralbank

© Verlag an der Ruhr | Autorin: Dr. Pauline Struve | www.verlagruhr.de
Holzmuster © arigato, Büroklammern © KOKEDA – beide Shutterstock.com

Paare finden

Kopiervorlage

Du brauchst:

- Schere

So geht's:

1. Findet euch zu zweit zusammen.
2. Schneidet alle Karten einzeln aus.
3. Mischt die Karten und legt sie mit den Zahlen und Bildern nach unten auf den Tisch.
4. Zieht nun nach der Reihe immer abwechselnd jeweils zwei Karten. Wenn es sich um ein Paar handelt, dürft ihr die Karten behalten und seid noch einmal dran. Ein Paar besteht immer aus einer Abbildung und der dazu passenden Längenangabe.
5. Gewonnen hat die Person, die am Ende die meisten Paare aufgedeckt hat.

15 cm	20 cm	30 cm	 © SpicyTruffel – stock.adobe.com	 © bergamont – stock.adobe.com	 © NazArt – Shutterstock.com
2 m	4 m	100 m	 © Spectral-Design – stock.adobe.com	 © Rawpixel.com – Shutterstock.com	 © koya79 – stock.adobe.com
1 cm	10 cm	1 m	 © gearstd – stock.adobe.com	 © PeteG – stock.adobe.com	 © Mauro Rodrigues – Shutterstock.com
15 m	10 m	15 cm	 © Zerbor – stock.adobe.com	 © addinia – Shutterstock.com	 © egorxfi – stock.adobe.com
18 dm	1 mm	1 km	 © mrgarry – stock.adobe.com	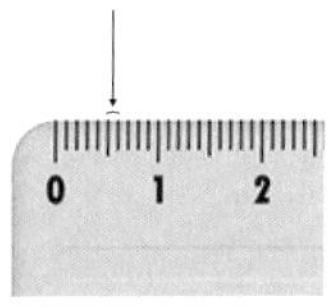 © NazArt – Shutterstock.com	 © kaisa16 – Shutterstock.com

© Verlag an der Ruhr | Autorin: Dr. Pauline Struve | www.verlagruhr.de
Holzmuster © arigato – Shutterstock.com

Domino

Kopiervorlage

Du brauchst:

- Schere

So geht's:

1. Suche dir einen Mitspieler oder eine Mitspielerin. Schneidet die Karten entlang der gestrichelten Linie aus.
2. Teilt die Dominokarten so aus, dass jede Person gleich viele Karten hat. Legt die Karten verdeckt auf einen Stapel vor euch.
3. Legt die übrig gebliebene Karte aufgedeckt in die Mitte des Tisches.
4. Eine Person beginnt und dreht eine Karte ihres Stapels um. Wenn eine der beiden Symbole oder Werte passend zu der aufgedeckten Karte ist, kann sie angelegt werden. Die Person ist noch einmal dran. Kann die Person ihre Karte nicht anlegen, ist die nächste Person dran. Die aufgedeckte Karte bleibt offen liegen und kann bei nächster Gelegenheit zum Anlegen genutzt werden.
5. Gewonnen hat die Person, die als erste all ihre Karten anlegen konnte.

START	 © SpicyTruffel – stock.adobe.com	15 cm	 © Mauro Rodrigues – Shutterstock.com
1 m	 © Spectral-Design – stock.adobe.com	2 m	 © PeteG – stock.adobe.com
1 dm	 © gearstd – stock.adobe.com	1 cm	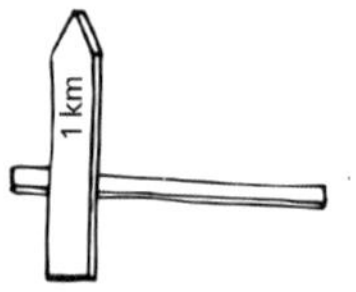 © kaisa16 – Shutterstock.com
1 km	 © Arcady – stock.adobe.com	24 cm	 © koya79 – stock.adobe.com
100 m	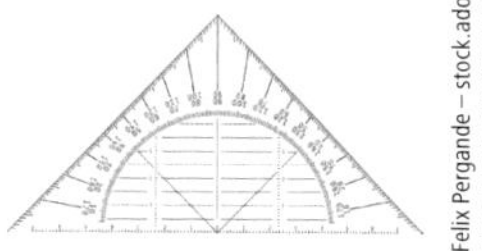 © Felix Pergande – stock.adobe.com	15 cm	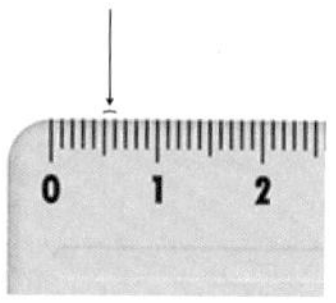 © NazArt – Shutterstock.com

ENDE	1 mm

© Verlag an der Ruhr | Autorin: Dr. Pauline Struve | www.verlagruhr.de
Holzmuster © arigato, Büroklammern © KOKEDA – beide Shutterstock.com

Ich habe – Du hast (1/2)

Kopiervorlage

Benötigte Materialien:

- Schere
- Kopiervorlage

Vorbereitung:

Kopieren Sie die Vorlage in ausreichender Anzahl, sodass pro Schüler*in eine „Ich habe – Wer hat"-Karte vorhanden ist. Je nach Klassengröße kommen manche Karten doppelt vor. Zerschneiden Sie die Vorlage.

So geht's:

1. Teilen Sie an alle eine „Ich habe – Wer hat"-Karte aus.
2. Die Person mit der Startkarte beginnt. Sie liest ihre „Wer hat"-Frage laut vor (z. B. „Wer hat 100 000 cm in km?").
3. Die anderen überlegen, ob sie den passenden „Ich habe"-Teil (z. B. „Ich habe 1 km.") haben. Im Anschluss liest die Person mit der richtigen Lösung ihre Karte vor.
4. Das Spiel ist beendet, wenn alle ihre Fragen gestellt haben.

START	Ich habe 1 km.  © kaisa16 – Shutterstock.com	Ich habe 1 000 000 mm.  © kaisa16 – Shutterstock.com	Ich habe 10 dm. 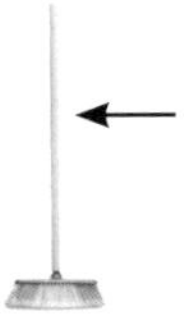 © Mauro Rodrigues – Shutterstock.com	Ich habe 1 m. 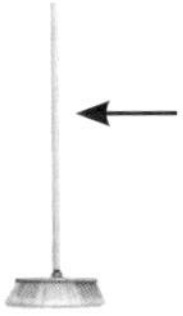 © Mauro Rodrigues – Shutterstock.com
Wer hat 100 000 cm in km?	Wer hat 1 km in mm?	Wer hat 1000 mm in dm?	Wer hat 1 000 mm in m?	Wer hat 500 000 cm in km?
Ich habe 5 km.  © kaisa16 – Shutterstock.com	Ich habe 10 cm.  © PeteG – stock.adobe.com	Ich habe 10 m.  © addinia – Shutterstock.com	Ich habe 200 mm. 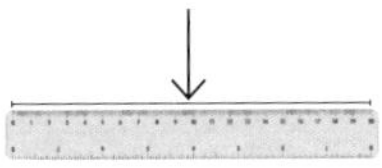 © NazArt – Shutterstock.com	Ich habe 500 m.  © Ocircan Francis – Shutterstock.com
Wer hat 1 dm in cm?	Wer hat 100 dm in m?	Wer hat 2 dm in mm?	Wer hat 500 000 mm in m?	Wer hat 3 m in mm?

© Verlag an der Ruhr | Autorin: Dr. Pauline Struve | www.verlagruhr.de
Holzmuster © arigato – Shutterstock.com

Ich habe – Du hast (2/2)

Kopiervorlage

Ich habe 3000 mm.  © my.ordinarty – Shutterstock.com	Ich habe 2 km.  © kaisa16 – Shutterstock.com	Ich habe 2 m.  © Spectral-Design – stock.adobe.com	Ich habe 100 cm. 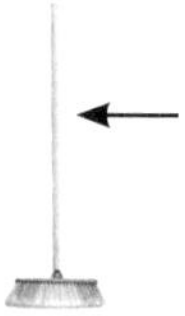 © Mauro Rodrigues – Shutterstock.com	Ich habe 500 mm.  © VasylYurlov – Shutterstock.com
Wer hat 2 000 000 mm in km?	Wer hat 200 cm in m?	Wer hat 1 m in cm?	Wer hat 50 cm in mm?	Wer hat 5 000 mm in cm?
Ich habe 500 cm.  © Eric Isselée – stock.adobe.com	Ich habe 100 m.  © koya79 – stock.adobe.com	Ich habe 5 m.  © Eric Isselée – stock.adobe.com	Ich habe 2 000 mm.  © Spectral-Design – stock.adobe.com	Ich habe 1 000 mm. 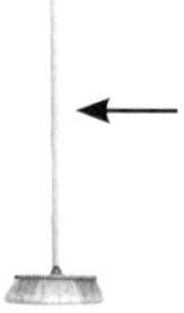 © Mauro Rodrigues – Shutterstock.com
Wer hat 1 000 dm in m?	Wer hat 500 cm in m?	Wer hat 2 m in mm?	Wer hat 1 m in mm?	**ENDE**

© Verlag an der Ruhr | Autorin: Dr. Pauline Struve | www.verlagruhr.de
Holzmuster © arigato, Büroklammern © KOKEDA – beide Shutterstock.com

Flächen

Ähnlich wie beim Übergang zwischen natürlichen Zahlen und Längen birgt auch der Übergang zwischen Längen und Flächen durch die Zunahme einer weiteren Dimension große Probleme für die Lernenden. Flächen stellen nicht mehr nur eine Sammlung von Punkten oder Linien dar, sondern eine zusammenhängende Menge, die sowohl in der Länge als auch in der Breite existiert. Dies ist für viele Schüler*innen eine Herausforderung, da sie oft nur die Länge oder die Breite einer Fläche wahrnehmen und nicht die gesamte Fläche als Einheit begreifen.

Wie kommt es zu Schwierigkeiten?

Probleme treten häufig auf, wenn es darum geht, eine Fläche als eine Ansammlung von gleich großen Einheiten zu verstehen. Viele Lernende tun sich schwer, die Fläche systematisch in Einheiten zu zerlegen, zum Beispiel in Quadrate. Auch das Konzept der Fläche als zusammenhängende Größe ist für einige Lernende schwierig zu fassen, da sie eher auf die Kanten der Fläche und weniger auf das Innere achten.

Wie kann man die Lernenden unterstützen?

Um das Verständnis zu fördern, ist es hilfreich, den Schüler*innen **Gittermodelle** zur Verfügung zu stellen, mit denen sie Flächen in kleine, zählbare Einheiten zerlegen können. Das Zählen von Flächeninhalten in Quadrateinheiten oder das Auslegen von Flächen mit Papierquadraten kann den Lernenden dabei helfen, die Fläche als zusammenhängende, messbare Größe wahrzunehmen. Auch der Vergleich verschiedener Flächen durch direktes Messen und das Aufteilen in kleinere Teile fördert das Verständnis. Zudem ist es sinnvoll, dass sich die Lernenden verschiedene Repräsentationsgrößen aneignen, damit sie ein Gefühl für die unterschiedlichen Größen bekommen.

Übersichtsblatt „Flächen“

Kopiervorlage

Die Fläche gibt an, wie groß eine ebene Oberfläche ist.

Welche Einheiten für Flächen kennst du? Fülle die Tabelle aus!

Einheit	Abkürzung	Beispiel
Quadratmeter		Ein Zimmer hat eine Fläche von 15 Quadratmetern.
Quadratdezimeter		Ein Buchumschlag ist etwa 3 Quadratdezimeter groß.
Quadratzentimeter		Eine Briefmarke hat etwa 20 Quadratzentimeter Fläche.

Ergänze!

- 1 m^2 = ... dm^2
- 1 dm^2 = ... cm^2
- 1 cm^2 = ... mm^2

Ordne von groß nach klein!

50 cm^2, 0,5 m^2, 300 dm^2, 1 m^2, 250 cm^2, 10 dm^2

Was ist größer? Ergänze das passende Zeichen (<, > oder =)!

- 2 m^2 Teppich .... 200 dm^2 Bodenfliesen
- 150 cm^2 Papier .... 1,5 dm^2 Karton
- 5000 cm^2 Tischtuch .... 5 m^2 Bodenfläche

Schätze die Fläche folgender Gegenstände!

- Mein Schreibtisch:
- Eine Buchseite:
- Meine Hand:
- Der Bildschirm:

Miss und notiere die genauen Flächen!

- Mein Schreibtisch:
- Eine Buchseite:
- Meine Hand:
- Der Bildschirm:

Lösungen:

- Quadratmeter: m^2, Quadratdezimeter: dm^2, Quadratzentimeter: cm^2
- 1 m^2 = 100 dm^2, 1 dm^2 = 100 cm^2, 1 cm^2 = 100 mm^2
- 300 dm^2, 1 m^2, 0,5 m^2, 10 dm^2, 250 cm^2, 50 cm^2
- =, =, <
- Individuelle Lösungen

© Verlag an der Ruhr | Autorin: Dr. Pauline Struve | www.verlagruhr.de
Holzmuster © arigato, Büroklammern © KOKEDA – beide Shutterstock.com

Ordne zu!

Kopiervorlage

So geht's:

Welche Paare gehören zusammen? Verbinde die jeweiligen Paare.

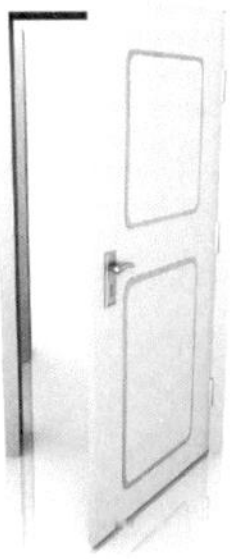

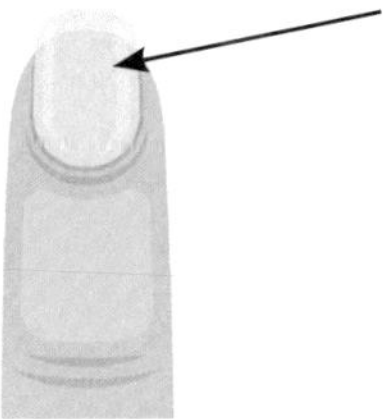

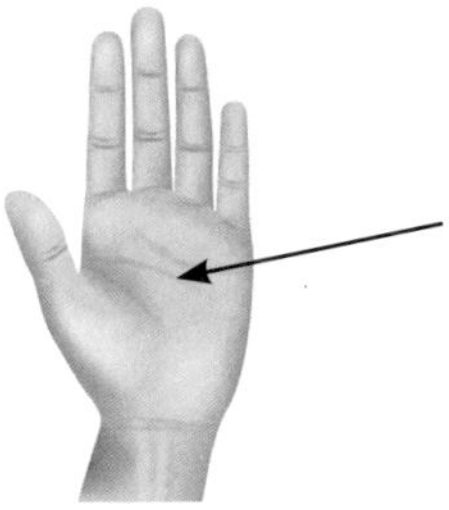

$500\ m^2$

$2\ m^2$

$1\ dm^2$

$50\ cm^2$

$1\ cm^2$

$1\ m^2$

$10\ m^2$

Schon fertig?

Fotografiere mindestens 5 Dinge und schätze die Flächen ab. Alternativ kannst du auch Bilder aus einer Zeitung oder einer Zeitschrift ausschneiden.

Kreditkarte: © Li Artis, Tisch: © kiyaksun, Parkplatz: © Drazbedel, Finger: © HappyPictures, Fußballfeld: koya79, Hand: © ONYXprj – alle Shutterstock.com; Tür: © Spectral-Design– stock.adobe.com

© Verlag an der Ruhr | Autorin: Dr. Pauline Struve | www.verlagruhr.de
Holzmuster © arigato – Shutterstock.com

Paare finden

Du brauchst:

- Schere

So geht's:

1. Findet euch zu zweit zusammen.
2. Schneidet alle Karten einzeln aus.
3. Mischt die Karten und legt sie mit den Zahlen und Bildern nach unten auf den Tisch.
4. Zieht nun nach der Reihe immer abwechselnd jeweils zwei Karten. Wenn es sich um ein Paar handelt, dürft ihr die Karten behalten und seid noch einmal dran. Ein Paar besteht immer aus einer Abbildung und der dazu passenden Flächenangabe.
5. Gewonnen hat die Person, die am Ende die meisten Paare aufgedeckt hat.

1 cm^2	 © ZipDesign – Shutterstock.com	1 dm^2	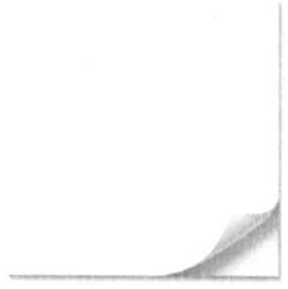 © Giraphics – stock.adobe.com	1 dm^2	 © Fred – stock.adobe.com
400 cm^2	 © Dmitry Kolmakov – Shutterstock.com	1 m^2	 © klyaksun – Shutterstock.com	6 m^2	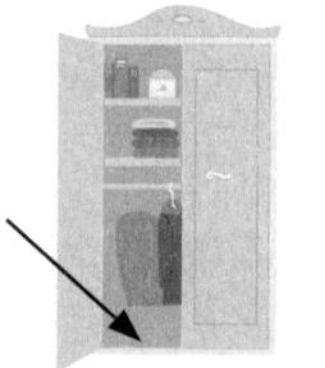 © ClassicVector – Shutterstock.com
10 m^2	 © tele52 – Shutterstock.com	20 m^2	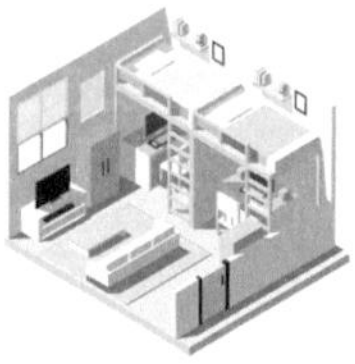 © notekubna – Shutterstock.com	50 m^2	 © Vectors Bang – Shutterstock.com
200 m^2	 © addinia – Shutterstock.com	500 cm^2	 © Iryna Tolmachova – Shutterstock.com	0,7 ha	 © koya79 – stock.adobe.com
500 m^2	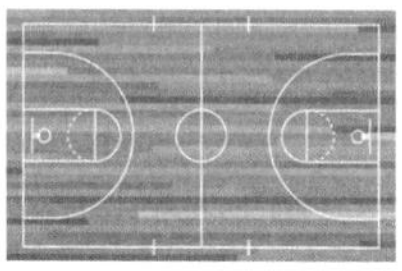 © JuthaPM – Shutterstock.com	10 cm^2	 © LiArtis – Shutterstock.com	1 km^2	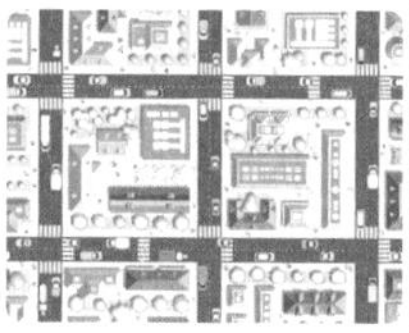 © Shpadaruk Aleksei – Shutterstock.com

© Verlag an der Ruhr | Autorin: Dr. Pauline Struve | www.verlagruhr.de
Holzmuster © arigato, Büroklammern © KOKEDA – beide Shutterstock.com

Domino

Kopiervorlage

Du brauchst:

- Schere

So geht's:

1. Suche dir einen Mitspieler oder eine Mitspielerin. Schneidet die Karten entlang der gestrichelten Linie aus.
2. Teilt die Dominokarten so aus, dass jede Person gleich viele Karten hat. Legt die Karten verdeckt auf einen Stapel vor euch.
3. Legt die übrig gebliebene Karte aufgedeckt in die Mitte des Tisches.
4. Eine Person beginnt und dreht eine Karte ihres Stapels um. Wenn eine der beiden Symbole oder Werte passend zu der aufgedeckten Karte ist, kann sie angelegt werden. Die Person ist noch einmal dran. Kann die Person ihre Karte nicht anlegen, ist die nächste Person dran. Die aufgedeckte Karte bleibt offen liegen und kann bei nächster Gelegenheit zum Anlegen genutzt werden.
5. Gewonnen hat die Person, die als erste all ihre Karten anlegen konnte.

START	100 cm^2	 © Dmitry Kolmakov – Shutterstock.com	1 m^2	ENDE
 © klyaksun – Shutterstock.com	10 cm^2	 © tele52 – Shutterstock.com	20 m^2	© PeteG – stock.adobe.com 
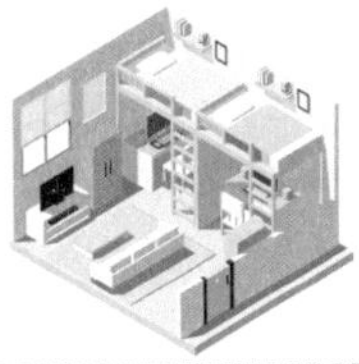 © notekubna – Shutterstock.com	0,7 ha	 © koya79 – stock.adobe.com	500 m^2	
 © Iryna Tolmachova – Shutterstock.com	1 km^2	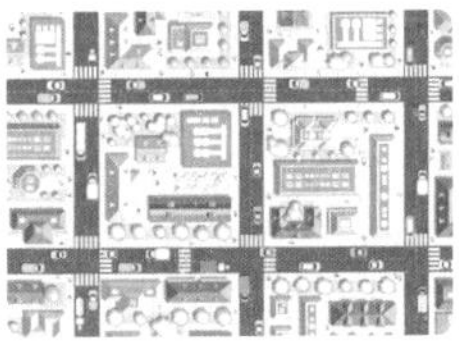 © Shpadaruk Aleksei – Shutterstock.com	1 mm^2	
 © EuToch – stock.adobe.com	1 cm^2	 © Europäische Zentralbank	200 m^2	

© Verlag an der Ruhr | Autorin: Dr. Pauline Struve | www.verlagruhr.de
Holzmuster © arigato – Shutterstock.com

Ich habe – Du hast (1/2)

Kopiervorlage

Benötigte Materialien:

- Schere
- Kopiervorlage

Vorbereitung:

Kopieren Sie die Vorlage in ausreichender Anzahl, sodass pro Schüler*in eine „Ich habe – Wer hat"-Karte vorhanden ist. Je nach Klassengröße kommen manche Karten doppelt vor. Zerschneiden Sie die Vorlage.

So geht's:

1. Teilen Sie an alle eine „Ich habe – Wer hat"-Karte aus.
2. Die Person mit der Startkarte beginnt. Sie liest ihre „Wer hat"-Frage laut vor (z. B. „Wer hat 10 000 cm^2 in m^2?").
3. Die anderen überlegen, ob sie den passenden „Ich habe"-Teil (z. B. „Ich habe 1 m^2") haben. Im Anschluss liest die Person mit der richtigen Lösung ihre „Wer hat"-Frage vor.
4. Das Spiel ist beendet, wenn alle ihre Fragen gestellt haben.

START	Ich habe 10 000 cm^2.  © klyaksun – Shutterstock.com	Ich habe 1 dm^2.  © Mauro Rodrigues – Shutterstock.com	Ich habe 1 000 000 mm^2.  © klyaksun – Shutterstock.com	Ich habe 1 000 000 cm^2. 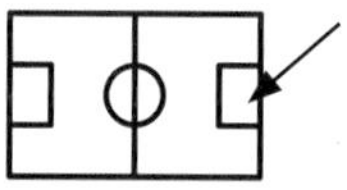 © GGDesigns – Shutterstock.com
Wer hat 1 m^2 in cm^2?	Wer hat 10 000 mm^2 in dm^2?	Wer hat 1 m^2 in mm^2?	Wer hat 100 m^2 in cm^2?	Wer hat 10 000 dm^2 in m^2?
Ich habe 100 m^2. 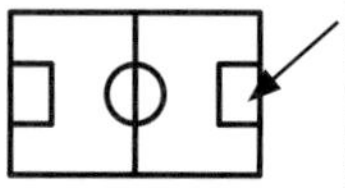 © GGDesigns – Shutterstock.com	Ich habe 400 cm^2.  © Dmitry Kolmakov – Shutterstock.com	Ich habe 0,01 ha. 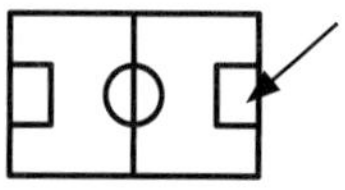 © GGDesigns – Shutterstock.com	Ich habe 10 000 mm^2.  © Mauro Rodrigues – Shutterstock.com	Ich habe 7 000 m^2.  © koya79 – stock.adobe.com
Wer hat 4 dm^2 in cm^2?	Wer hat 100 m^2 in ha?	Wer hat 1 dm^2 in mm^2?	Wer hat 0,7 ha in m^2?	Wer hat 50 000 dm^2 in m^2?

© Verlag an der Ruhr | Autorin: Dr. Pauline Struve | www.verlagruhr.de
Holzmuster © arigato, Büroklammern © KOKEDA – beide Shutterstock.com

Ich habe – Du hast (2/2)

Kopiervorlage

Ich habe 500 m^2.  © Iryna Tolmachova – Shutterstock.com	Ich habe 10 ha.  © scusi – stock.adobe.com	Ich habe 2 000 000 m^2.  © RN 3540 – Shutterstock.com	Ich habe 100 000 m^2.  © scusi – stock.adobe.com	Ich habe 1 km^2. 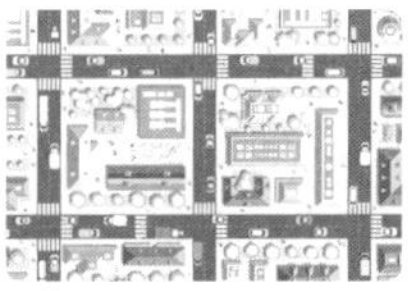 © Shpadaruk Aleksei – Shutterstock.com
Wer hat 100 000 m^2 in ha?	Wer hat 200 ha in m^2?	Wer hat 1 000 a in m^2?	Wer hat 1 000 000 m^2 in km^2?	Wer hat 5 dm^2 in cm^2?
Ich habe 500 cm^2. 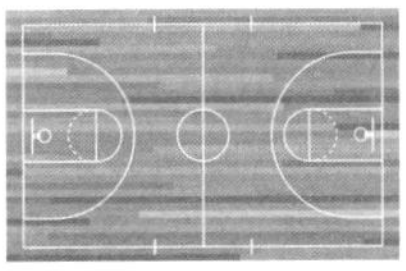 © JuthaPM – Shutterstock.com	Ich habe 50 m^2.  © Vectors Bang – Shutterstock.com	Ich habe 5 a. 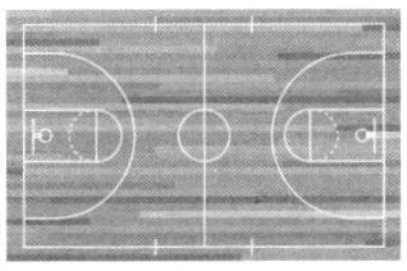 © JuthaPM – Shutterstock.com	Ich habe 100 cm^2. 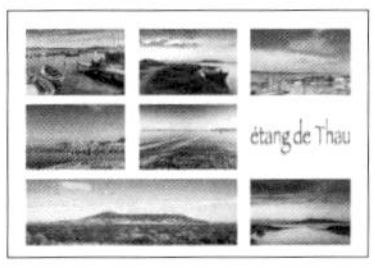 © Mauro Rodrigues – Shutterstock.com	Ich habe 1 m^2.  © klyaksun – Shutterstock.com
Wer hat 0,5 a in m^2?	Wer hat 500 m^2 in a?	Wer hat 1 dm^2 in cm^2?	Wer hat 10 000 cm^2 in m^2?	ENDE

© Verlag an der Ruhr | Autorin: Dr. Pauline Struve | www.verlagruhr.de
Holzmuster © arigato – Shutterstock.com

Kästchen zählen

Kopiervorlage

So geht's:

Bestimme, wie groß die Figuren sind, und beschreibe dein Vorgehen.

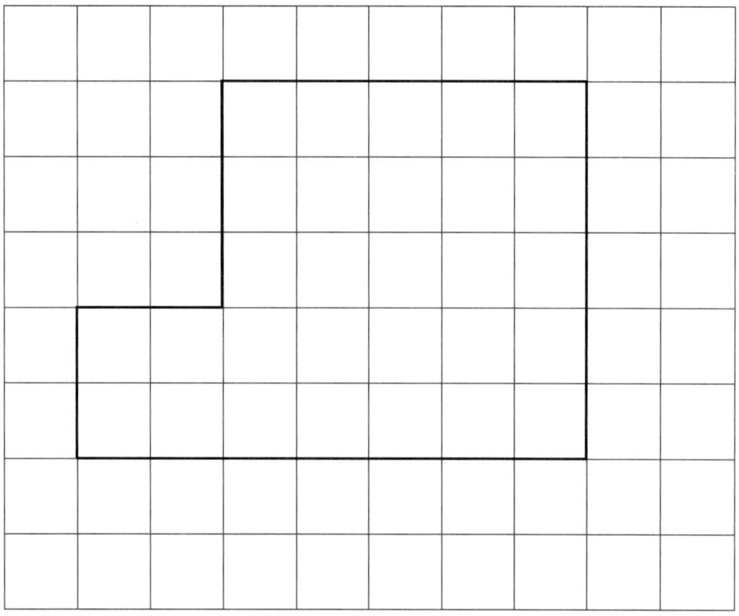

Die Figur ist .... Kästchen groß. So bin ich vorgegangen:

....

....

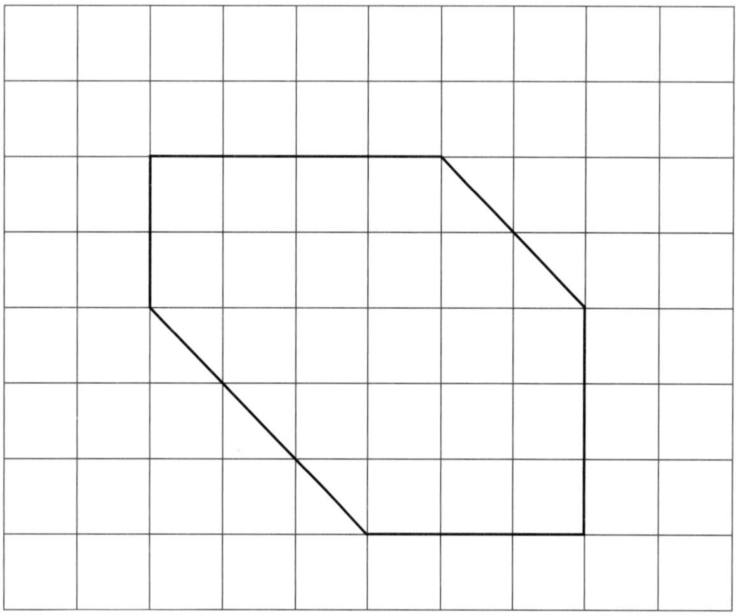

Die Figur ist .... Kästchen groß. So bin ich vorgegangen:

....

....

© Verlag an der Ruhr | Autorin: Dr. Pauline Struve | www.verlagruhr.de
Holzmuster © arigato, Büroklammern © KOKEDA – beide Shutterstock.com

Volumen

Das Verständnis von **Volumen** erfordert, dass Lernende den Raum, den ein Objekt einnimmt, als dreidimensionale Menge begreifen. Volumen zu messen, bedeutet, eine Menge an Platz oder Raum zu bestimmen, die von einem Objekt ausgefüllt wird. Der Übergang von Längen und Flächen zu Volumen kann für viele Schüler*innen eine große Herausforderung darstellen, da sie eine neue Dimension erfassen müssen – die Tiefe.

Wie können Schwierigkeiten entstehen?

Schwierigkeiten treten oft auf, wenn es darum geht, Volumen als dreidimensionales Produkt von Länge, Breite und Höhe zu verstehen. Lernende haben oft Probleme damit, sich vorzustellen, dass ein Volumen aus einer Vielzahl kleinerer Würfel oder Einheiten besteht, die zusammen das Gesamtvolumen bilden. Das Volumen wird oft nur als abstrakter Wert wahrgenommen und nicht als reale Menge an Raum. Des Weiteren besteht oft kein Verständnis für die gemeinsame Dimensionserweiterung von Größe und Einheit.

Wie kann man die Lernenden beim Verständnisaufbau unterstützen?

Neben enaktiven Übungen, wie dem Arbeiten mit Volumenmodellen oder dem Schütten von Volumina, kann die Darstellung von Würfeln und eine Verknüpfung mit Repräsentationsgrößen sehr hilfreich beim Verständnisaufbau von Größen sein.

Übersichtsblatt „Volumen“

Kopiervorlage

Das Volumen gibt an, wie viel Raum etwas einnimmt.

Welche Einheiten für Volumen kennst du? Fülle die Tabelle aus!

Einheit	Abkürzung	Beispiel
Liter		Eine Flasche Wasser fasst 1 Liter.
Milliliter		Ein Löffel Saft sind 5 Milliliter.
Kubikmeter		Der Kofferraum hat ein Volumen von 2 Kubikmetern.

Ergänze!

- 1 l = ... ml
- 1 m^3 = ... l
- 1000 ml = ... l

Ordne von groß nach klein!

500 ml, 2 l, 1,5 l, 0,25 l, 1 m^3, 750 ml

Was ist mehr? Ergänze das passende Zeichen (<, > oder =).

- 1 l Wasser .... 1000 ml Milch
- 500 ml Saft .... 0,75 l Tee
- 3 l Cola .... 3000 ml Limonade

Schätze das Volumen folgender Gegenstände:

- Das Trinkglas:
- Die Gießkanne:
- Der Wasserkocher:

Wiege und notiere das genaue Volumen:

- Das Trinkglas:
- Die Gießkanne:
- Der Wasserkocher:

Lösungen:

- Liter: l, Milliliter: ml, Kubikmeter: m^3
- 1 l = 1000 ml, 1 m^3 = 1000 l, 1000 ml = 1 l
- 1 m^3, 2l, 1,5l, 750 ml, 500ml, 0,25l
- =, <, =
- Individuelle Lösungen

© Verlag an der Ruhr | Autorin: Dr. Pauline Struve | www.verlagruhr.de
Holzmuster © arigato, Büroklammern © KOKEDA – beide Shutterstock.com

Ordne zu!

So geht's:

Welche Paare gehören zusammen? Verbinde die jeweiligen Paare.

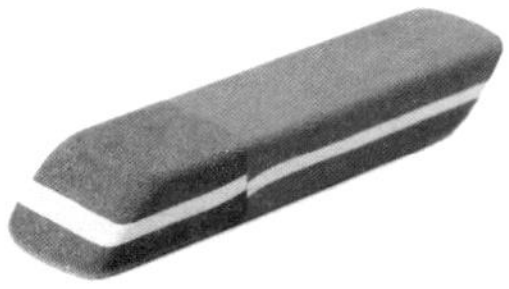

1 cm³

1 dm³

10 l

1 m³

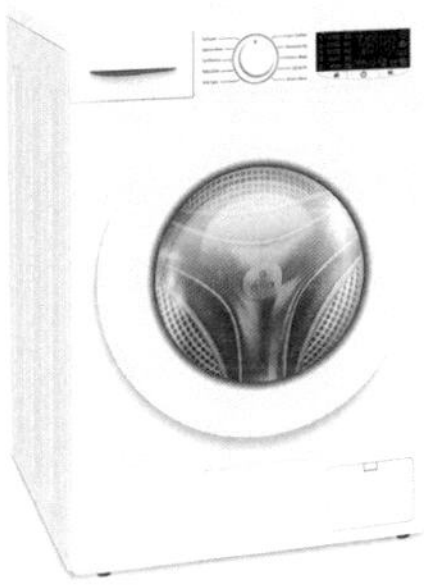

10 cm³

Schon fertig?

Fotografiere mindestens 5 Dinge und schätze das Volumen ab. Alternativ kannst du auch Bilder aus einer Zeitung oder einer Zeitschrift ausschneiden.

Waschmaschine: © fad82, Eimer: © Tartila – beide Shutterstock.com; Milchtüte: rdnzl, Zuckerwürfel: © pixelrobot, Radiergummi: © yurakp – alle stock.adobe.com

© Verlag an der Ruhr | Autorin: Dr. Pauline Struve | www.verlagruhr.de
Holzmuster © arigato – Shutterstock.com

Paare finden

Kopiervorlage

Du brauchst:

- Schere

So geht's:

1. Findet euch zu zweit zusammen.
2. Schneidet alle Karten einzeln aus.
3. Mischt die Karten und legt sie mit den Zahlen und Bildern nach unten auf den Tisch.
4. Zieht nun nach der Reihe immer abwechselnd jeweils zwei Karten. Wenn es sich um ein Paar handelt, dürft ihr die Karten behalten und seid noch einmal dran. Ein Paar besteht immer aus einer Abbildung und der dazu passenden Volumenangabe.
5. Gewonnen hat die Person, die am Ende die meisten Paare aufgedeckt hat.

$1\ cm^3$	 © pixelrobot – stock.adobe.com	$10\ cm^3$	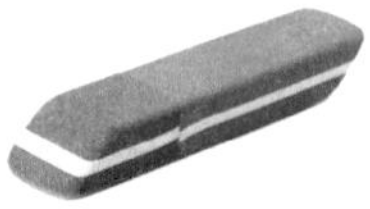 © yurakp – stock.adobe.com	$200\ cm^3$	 © grafikplusfoto – stock.adobe.com
$1\ dm^3$	 © rdnzl – stock.adobe.com	$1\ m^3$	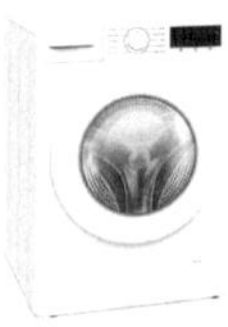 © fad82 – Shutterstock.com	$5\ m^3$	 © tele52 – Shutterstock.com
$50\ dm^3$	 © Rumka vodki – Shutterstock.com	$10\ m^3$	 © vecktor – Shutterstock.com	$1\ mm^3$	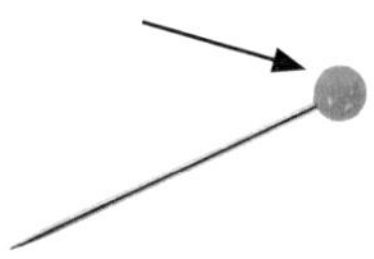 © EuToch – stock.adobe.com

© Verlag an der Ruhr | Autorin: Dr. Pauline Struve | www.verlagruhr.de
Holzmuster © arigato, Büroklammern © KOKEDA – beide Shutterstock.com

Domino

Kopiervorlage

Du brauchst:

- Schere

So geht's:

1. Suche dir einen Mitspieler oder eine Mitspielerin. Schneidet die Karten entlang der gestrichelten Linie aus.
2. Teilt die Dominokarten so aus, dass jede Person gleich viele Karten hat. Legt die Karten verdeckt auf einen Stapel vor euch.
3. Legt die übrig gebliebene Karte aufgedeckt in die Mitte des Tisches.
4. Eine Person beginnt und dreht eine Karte ihres Stapels um. Wenn eine der beiden Symbole oder Werte passend zu der aufgedeckten Karte ist, kann sie angelegt werden. Die Person ist noch einmal dran. Kann die Person ihre Karte nicht anlegen, ist die nächste Person dran. Die aufgedeckte Karte bleibt offen liegen und kann bei nächster Gelegenheit zum Anlegen genutzt werden.
5. Gewonnen hat die Person, die als erste all ihre Karten anlegen konnte.

START	$100\ mm^3$	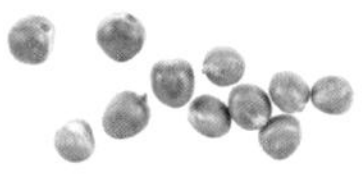 © domnitsky – Shutterstock.com	$10\ m^3$
 © vecktor – Shutterstock.com	$50\ dm^3$	 © Rumka vodki – Shutterstock.com	$1\ m^3$
 © Vereshchagin Dmitry – Shutterstock.com	$1\ cm^3$	 © pixelrobot – stock.adobe.com	1 l
 ©rdnzl – stock.adobe.com	$4\ m^3$	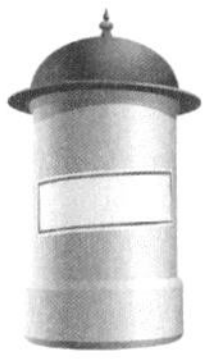 © Boguslaw Mazur – Shutterstock.com	$200\ cm^3$
 © grafikplusfoto – stock.adobe.com	ENDE		

© Verlag an der Ruhr | Autorin: Dr. Pauline Struve | www.verlagruhr.de
Holzmuster © arigato – Shutterstock.com

Ich habe – Du hast (1/2)

Kopiervorlage

Benötigte Materialien:

- Schere
- Kopiervorlage

Vorbereitung:

Kopieren Sie die Vorlage in ausreichender Anzahl, sodass pro Schüler*in eine „Ich habe – Wer hat"-Karte vorhanden ist. Je nach Klassengröße kommen manche Karten doppelt vor. Zerschneiden Sie die Vorlage.

So geht's:

1. Teilen Sie an alle eine „Ich habe – Wer hat"-Karte aus.
2. Die Person mit der Startkarte beginnt. Sie liest ihre „Wer hat"-Frage laut vor (z. B. „Wer hat 1 000 ml in l?").
3. Die anderen überlegen, ob sie den passenden „Ich habe"-Teil (z. B. „Ich habe 1 l") haben. Im Anschluss liest die Person mit der richtigen Lösung ihre „Wer hat"-Frage vor.
4. Das Spiel ist beendet, wenn alle ihre Fragen gestellt haben.

START	Ich habe 200 ml.  © Nairi Erkir 79 – Shutterstock.com	Ich habe 0,3 dm^3.  © Maxim Kazmin – stock.adobe.com	Ich habe 1000 cm^3.  © rdnzl – stock.adobe.com	Ich habe 1000000 mm^3.  © rdnzl – stock.adobe.com
Wer hat 0,2 l in ml?	Wer hat 0,3 l in dm^3?	Wer hat 1 l in cm^3?	Wer hat 1 l in mm^3?	Wer hat 9000 cm^3 in l?
Ich habe 9 l.  © PHLD Luca – Shutterstock.com	Ich habe 1 dm^3.  © rdnzl – stock.adobe.com	Ich habe 5000 cm^3. © Jeerayut Rianwed – Shutterstock.com	Ich habe 100 dm^3.  © Rumka vodki – Shutterstock.com	Ich habe 5 cm^3.  © pixelrobot – stock.adobe.com
Wer hat 1000000 mm^3 in dm^3?	Wer hat 5 l in cm^3?	Wer hat 100 l in dm^3?	Wer hat 5000 mm^3 in cm^3?	Wer hat 1000 l in m^3?

© Verlag an der Ruhr | Autorin: Dr. Pauline Struve | www.verlagruhr.de
Holzmuster © arigato, Büroklammern © KOKEDA – beide Shutterstock.com

Ich habe – Du hast (2/2)

Kopiervorlage

Ich habe 1 m^3.  © Vereshchagin Dmitry – Shutterstock.com	Ich habe 5 l. © Jeerayut Rianwed – Shutterstock.com	Ich habe 1000 l.  © Vereshchagin Dmitry – Shutterstock.com	Ich habe 500 dm^3. 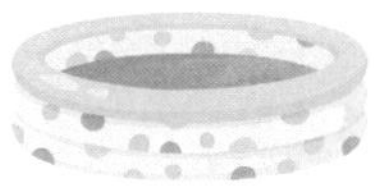 © PCH.Vector– Shutterstock.com	Ich habe 100 ml.  © LinaOro – Shutterstock.com
Wer hat 5000 cm^3 in l?	Wer hat 1 m^3 in l?	Wer hat 500 l in dm^3?	Wer hat 0,1 l in ml?	Wer hat 1 l in ml?
Ich habe 1000 ml.  © rdnzl – stock.adobe.com	Ich habe 10 l.  © Tartila – Shutterstock.com	Ich habe 0,4 l.  © Nairi Erkir 79 – Shutterstock.com	Ich habe 2000 ml.  © rdnzl – stock.adobe.com	Ich habe 1 l.  © rdnzl – stock.adobe.com
Wer hat 10000 cm^3 in l?	Wer hat 400 ml in l?	Wer hat 2 l in ml?	Wer hat 1000 ml in l?	ENDE

© Verlag an der Ruhr | Autorin: Dr. Pauline Struve | www.verlagruhr.de
Holzmuster © arigato – Shutterstock.com

Gewichte

Das Konzept von **Gewichten** erfordert ebenfalls ein Verständnis von Mengen. Dabei geht es darum, die Menge an Materie, die ein Objekt enthält, zu messen und zu vergleichen.

Worin besteht die Schwierigkeit?

Die Lernenden haben vor allem Schwierigkeiten, den Zusammenhang zwischen Gewicht und Menge zu erkennen. So kann der Vergleich zwischen dem Gewicht und der Anzahl zweier Objekte zur Verwirrung führen, wenn diese sich nicht gleichmäßig verändern. Auch der Vergleich von Gewichten oder die Gewichtseinheiten (z. B. Gramm, Kilogramm) können verwirrend sein.

Wie kann man die Lernenden beim Verständnisaufbau unterstützen?

Um das Verständnis zu fördern, sollten in erster Linie praktische (enaktive) Versuche durchgeführt werden, bei denen die Schüler*innen unterschiedliche Gewichte messen und vergleichen sollen. Der Einsatz von Waagen hilft dabei, ein Gefühl für Gewicht und Gewichtseinheiten zu entwickeln. Durch wiederholte, konkrete Erfahrungen mit dem Wiegen von Objekten können Lernende das Konzept von Gewicht als Menge besser verstehen. Zudem ist, wie auch bei anderen Größen, die Kenntnis und der Umgang mit entsprechenden Referenzgrößen wichtig. Dies spielt vor allem immer dann eine Rolle, wenn Ergebnisse auf Richtigkeit überprüft oder Dinge abgeschätzt werden sollen.

Übersichtsblatt „Gewichte“

Kopiervorlage

Das Gewicht kann man z. B. in Gramm, Kilogramm oder Tonne angeben.

Welche Einheiten für Gewichte kennst du? Fülle die Tabelle aus!

Einheit	Abkürzung	Beispiel
Tonne		Ein Auto wiegt eine Tonne.
Kilogramm		Eine Flasche Wasser wiegt ein Kilogramm.
Gramm		Ein Brief wiegt 20 Gramm.
Milligramm		Eine Ameise wiegt ein Milligramm.

Ergänze!

- 1 t = ... kg
- 1 kg = ... g
- 1 g = ... mg

Ordne von schwer nach leicht!

200g, 3kg, 1500g, 500 mg, 0,5 kg, 2t

Was ist schwerer? Ergänze das passende Zeichen (<, > oder =)!

- 1 kg Zucker .... 1 kg Federn
- 500 g Mehl .... 700 g Sand
- 1,5 kg Äpfel .... 1500 g Bananen.

Schätze das Gewicht folgender Gegenstände:

- Meine Brotdose:
- Das Mathebuch:
- Mein Schuh:

Wiege den geschätzten Gegenstand und notiere das genaue Gewicht:

- Meine Brotdose wiegt:
- Das Mathebuch wiegt:
- Mein Schuh wiegt:

Lösungen:

- Tonne (t), Kilogramm (kg), Gramm (g), Milligramm (mg)
- 1 t = 1000 kg, 1 kg = 1000 g, 1 g = 1000 mg
- 2t, 3kg, 1500g, 0,5kg, 200g, 500 mg
- =, <, =
- Individuelle Lösungen

© Verlag an der Ruhr | Autorin: Dr. Pauline Struve | www.verlagruhr.de
Holzmuster © arigato – Shutterstock.com

Ordne zu!

So geht's:

Welche Paare gehören zusammen? Verbinde die jeweiligen Paare.

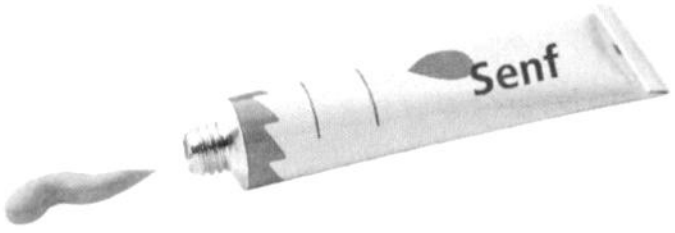

- 5 g
- 100 g
- 250 g
- 1 kg
- 5 kg
- 10 kg
- 1 t

Schon fertig?

Fotografiere mindestens 5 Dinge und schätze die Gewichte ab. Alternativ kannst du auch Bilder aus einer Zeitung oder einer Zeitschrift ausschneiden.

Senftube: © 5 second Studio, Mehl: © svaga, Tornister: © GoodStudio, Auto: © Rawpixel.com – alle Shutterstock.com; Milchtüte: rdnzl, Zuckerwürfel: © pixelrobot, Butter: © Svetlana Kuznetsova – alle stock.adobe.com

© Verlag an der Ruhr | Autorin: Dr. Pauline Struve | www.verlagruhr.de
Holzmuster © arigato, Büroklammern © KOKEDA – beide Shutterstock.com

Paare finden

Kopiervorlage

Du brauchst:

- Schere

So geht's:

1. Findet euch zu zweit zusammen.
2. Schneidet alle Karten einzeln aus.
3. Mischt die Karten und legt sie mit den Zahlen und Bildern nach unten auf den Tisch.
4. Zieht nun nach der Reihe immer abwechselnd jeweils zwei Karten. Wenn es sich um ein Paar handelt, dürft ihr die Karten behalten und seid noch einmal dran. Ein Paar besteht immer aus einer Abbildung und der dazu passenden Gewichtsangabe.
5. Gewonnen hat die Person, die am Ende die meisten Paare aufgedeckt hat.

100 g	 © 5 second Studio – Shutterstock.com	250 g	 © Svetlana Kuznetsova – stock.adobe.com	1 kg	 © grafikplusfoto – stock.adobe.com
9 kg	 © PHLD Luca – Shutterstock.com	10 kg	 © Tartila – Shutterstock.com	20 kg	 © gekaskr – stock.adobe.com
1 t	 © Rawpixel.com – Shutterstock.com	5 g	 © pixelrobot – stock.adobe.com	2 g	 © Lasse Kristensen – stock.adobe.com

© Verlag an der Ruhr | Autorin: Dr. Pauline Struve | www.verlagruhr.de
Holzmuster © arigato – Shutterstock.com

Domino

Kopiervorlage

Du brauchst:

- Schere

So geht's:

1. Suche dir einen Mitspieler oder eine Mitspielerin. Schneidet die Karten entlang der gestrichelten Linie aus.
2. Teilt die Dominokarten so aus, dass jede Person gleich viele Karten hat. Legt die Karten verdeckt auf einen Stapel vor euch.
3. Legt die übrig gebliebene Karte aufgedeckt in die Mitte des Tisches.
4. Eine Person beginnt und dreht eine Karte ihres Stapels um. Wenn eine der beiden Symbole oder Werte passend zu der aufgedeckten Karte ist, kann sie angelegt werden. Die Person ist noch einmal dran. Kann die Person ihre Karte nicht anlegen, ist die nächste Person dran. Die aufgedeckte Karte bleibt offen liegen und kann bei nächster Gelegenheit zum Anlegen genutzt werden.
5. Gewonnen hat die Person, die als erste all ihre Karten anlegen konnte.

START	5 g	 © pixelrobot – stock.adobe.com	1 kg
 © grafikplusfoto – stock.adobe.com	1 t	 © Rawpixel.com – Shutterstock.com	10 kg
 © Tartila – Shutterstock.com	20 kg	 © gekaskr – stock.adobe.com	250 g
 © Svetlana Kuznetsova – stock.adobe.com	5 kg	 © GoodStudio – Shutterstock.com	1 g
 © Ilya Andriyanov – Shutterstock.com	ENDE		

© Verlag an der Ruhr | Autorin: Dr. Pauline Struve | www.verlagruhr.de
Holzmuster © arigato, Büroklammern © KOKEDA – beide Shutterstock.com

Ich habe – Du hast (1/2)

Kopiervorlage

Benötigte Materialien:

- Schere
- Kopiervorlage

Vorbereitung:

Kopieren Sie die Vorlage in ausreichender Anzahl, sodass pro Schüler*in eine „Ich habe – Wer hat"-Karte vorhanden ist. Je nach Klassengröße kommen manche Karten doppelt vor. Zerschneiden Sie die Vorlage.

So geht's:

1. Teilen Sie an alle eine „Ich habe – Wer hat"-Karte aus.
2. Die Person mit der Startkarte beginnt. Sie liest ihre „Wer hat"-Frage laut vor (z. B. „Wer hat 1 000 g in kg?").
3. Die anderen überlegen, ob sie den passenden „Ich habe"-Teil (z. B. „Ich habe 1 kg") haben. Im Anschluss liest die Person mit der richtigen Lösung ihre „Wer hat"-Frage vor.
4. Das Spiel ist beendet, wenn alle ihre Fragen gestellt haben.

START	Ich habe 250 g.  © Svetlana Kuznetsova – stock.adobe.com	Ich habe 3 kg. 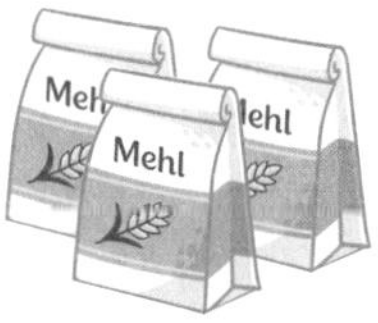 © grafikplusfoto – stock.adobe.com	Ich habe 500 g.  © klikk – stock.adobe.com	Ich habe 20 kg.  © gekaskr – stock.adobe.com
Wer hat 250 000 mg in g?	Wer hat 0,003 t in kg?	Wer hat 0,5 kg in g?	Wer hat 0,02 t in kg?	Wer hat 9 000 g in kg?
Ich habe 9 kg.  © PHLD Luca – Shutterstock.com	Ich habe 200 g.  © 5 second Studio – Shutterstock.com	Ich habe 2,5 kg.  © vectortatu – Shutterstock.com	Ich habe 1,5 t.  © Quang Vinh Tran – Shutterstock.com	Ich habe 500 mg.  © euthymia – stock.adobe.com
Wer hat 0,2 kg in g?	Wer hat 2 500 mg in kg?	Wer hat 1 500 000 g in t?	Wer hat 0,0005 kg in mg?	Wer hat 3000 g in kg?

© Verlag an der Ruhr | Autorin: Dr. Pauline Struve | www.verlagruhr.de
Holzmuster © arigato – Shutterstock.com

Ich habe – Du hast (2/2)

Kopiervorlage

Ich habe 3 kg.  © Anatolii – Shutterstock.com	Ich habe 4 t.  © Peter Wey – Shutterstock.com	Ich habe 100 g.  © 5 second Studio – Shutterstock.com	Ich habe 1,2 kg.  © gertrudda– stock.adobe.com	Ich habe 10 kg.  © Tartila – Shutterstock.com
Wer hat 4 000 000 g in t?	Wer hat 0,1 kg in g?	Wer hat 1 200 g in kg?	Wer hat 10 000 000 mg in kg?	Wer hat 5000 mg in g?
Ich habe 5 g. 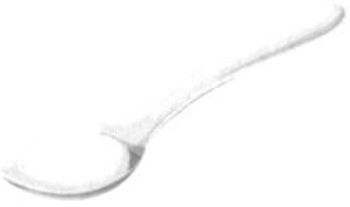 © Victoria Sergeeva – Shutterstock.com	Ich habe 1 g.  © Ilya Andriyanov – Shutterstock.com	Ich habe 10 t.  © Cla78 – stock.adobe.com	Ich habe 125 g.  © egorxfi – stock.adobe.com	Ich habe 1 kg.  © grafikplusfoto – stock.adobe.com
Wer hat 0,001 kg in g?	Wer hat 10 000 kg in t?	Wer hat 0,125 kg in g?	Wer hat 1 000 g in kg?	ENDE

© Verlag an der Ruhr | Autorin: Dr. Pauline Struve | www.verlagruhr.de
Holzmuster © arigato, Büroklammern © KOKEDA – beide Shutterstock.com

Was ist am schwersten?

Kopiervorlage

Du brauchst:

- Schere

So geht's:

Schneide die Bilder aus und sortiere sie nach dem Gewicht. Was ist am schwersten und was am leichtesten? Schätze außerdem das Gewicht und schreibe es dazu.

....

© sebos – stock.adobe.com

....

© Lukas Gojda – stock.adobe.com

....

© Chipmunk131 – Shutterstock.com

....

© Rawpixel.com – Shutterstock.com

....

© pixelrobot – stock.adobe.com

....

© Peter Wey – Shutterstock.com

....

© GoodStudio – Shutterstock.com

....

© Henry Bonn – stock.adobe.com

© Verlag an der Ruhr | Autorin: Dr. Pauline Struve | www.verlagruhr.de
Holzmuster © arigato – Shutterstock.com

Tierbabys und ihre Eltern

So geht's:

Ein menschliches Baby wiegt bei der Geburt ca. 4 kg. Ein erwachsener Mensch wiegt ca. 80 kg.
Er ist also 20-mal so schwer wie ein Baby.
Ein Schimpanse ist bei der Geburt 2 kg schwer. Ein ausgewachsener Schimpanse wiegt 40 kg.
Wie viel schwerer ist ein erwachsener Schimpanse als ein Baby?

Wie bist du vorgegangen? Beschreibe deine Vorgehensweise in eigenen Worten.

....

....

....

Vervollständige die Tabelle.

	Gewicht der Eltern	Gewicht der Babys	Die Eltern sind … mal so schwer.
Wal	150 t	3 t	
Robbe	200 kg	20 kg	
Wildschwein	70 kg	1 kg	
Eisbär	250 kg	500 g	
Elefant	4 t	100 kg	
Ente	1200 g	30 g	
Amsel	100 g	5 g	

© Verlag an der Ruhr | Autorin: Dr. Pauline Struve | www.verlagruhr.de
Holzmuster © arigato, Büroklammern © KOKEDA – beide Shutterstock.com

Wie viel wiegt eigentlich ein durchschnittlicher Mensch?

Du brauchst:

- internetfähiges Endgerät

So geht's:

1) In einem Fahrstuhl ist immer angegeben, für wie viele Personen der Aufzug zugelassen ist und für wie viel kg er zugelassen ist. Aus diesen beiden Angaben lässt sich berechnen, wie viel eine durchschnittliche Person wiegen soll. Schau dir die unterschiedlichen Angaben an und berechne jeweils das vorgesehene Gewicht pro Person.

Beschreibe, was dir auffällt. Wie kann es sein, dass in den Aufzügen die Personen unterschiedlich schwer sein dürfen? Notiere deine Ideen.

....

....

....

2) Vergleiche die durchschnittlichen Gewichte pro Person aus der ersten Aufgabe mit den tatsächlichen Durchschnittsgewichten von Erwachsenen und Kindern.

a) Recherchiere, wie viel Erwachsene und Kinder im Durchschnitt wiegen.

b) Überlege: Würden die angegebenen Gewichte in einem Aufzug eher für Erwachsene, Kinder oder gemischte Gruppen passen? Begründe deine Antwort.

3) Ein Aufzug ist für maximal **8 Personen** und **600 kg** zugelassen. Geh davon aus, dass eine erwachsene Person durchschnittlich **75 kg** wiegt und ein Kind durchschnittlich **40 kg**.

a) Wie viele Kinder und wie viele Erwachsene dürfen zusammen maximal im Aufzug sein, ohne das Gewichtslimit zu überschreiten?

b) Rechne zwei weitere Beispiele durch: einmal mit mehr Erwachsenen und einmal mit mehr Kindern.

4) Ein Aufzug ist für 10 Personen zugelassen. Jede Person darf im Durchschnitt 65 kg wiegen.

a) Wie viel kg darf der Aufzug insgesamt tragen?

b) Erkläre, wie du das berechnet hast.

© Verlag an der Ruhr | Autorin: Dr. Pauline Struve | www.verlagruhr.de
Holzmuster © arigato, Aufzugschild © elxeneize – beide Shutterstock.com

Geld

Das Verständnis von **Geld** als Mengenwert ist eine essenzielle Alltagskompetenz. Jede Münze und jeder Schein repräsentieren einen bestimmten Wert, der als Menge betrachtet werden kann. Schüler*innen müssen lernen, Geldmengen zu zählen, zu vergleichen und zu verwalten. Dabei spielt das Verständnis von Summenbildung eine zentrale Rolle.
Eine gewisse Grundbildung im Bereich der Finanzen ist wichtig für eine gesellschaftliche Teilhabe.

Worin bestehen die Schwierigkeiten der Lernenden?
Die größte Herausforderung beim Umgang mit Geld ist der Zusammenhang zwischen der Anzahl der Münzen und dem tatsächlichen Wert. Zum Beispiel kann eine Münze mit einem höheren Wert leichter mit vielen kleineren Münzen verwechselt werden. Dies ist vor allem auf die Ungleichheit der einzelnen Geldstücke zurückzuführen. So kann es beispielsweise schwerfallen, den Unterschied zwischen zwei Ein-Euro-Stücken und einem Ein-Euro-Stück und einem Zwei-Euro-Stück zu erkennen, wenn auf den ersten Blick nur wahrgenommen wird, dass es jeweils zwei Geldstücke gibt.
Auch das Addieren und Subtrahieren von Geldbeträgen stellt für einige Schüler*innen ein Problem dar, besonders wenn es um den Übergang zwischen unterschiedlichen Einheiten (z. B. Euro und Cent) geht.

Wie kann man die Lernenden unterstützen?
Durch konkretes Arbeiten mit Münzen und Scheinen können Schüler*innen lernen, Geldmengen zu verstehen[3]. Es ist hilfreich, sie Geldbeträge bilden, addieren und vergleichen zu lassen, um das abstrakte Konzept des Geldwerts greifbarer zu machen. Zahlreiche Übungen mit realen oder nachgemachten Geldmitteln sowie alltägliche Szenarien, wie das Einkaufen oder Wechseln von Geld, bieten eine praxisnahe Möglichkeit, das Mengenverständnis im Zusammenhang mit Geld zu fördern.

[3] Die Bundesbank bietet hierzu kostenloses Spielgeld an, das man sich als Lehrkraft (im Klassensatz) bestellen kann.

Übersichtsblatt „Geld“

Kopiervorlage

Mit Geld bezahlen wir Dinge oder Leistungen.

Welche Einheiten für Geld kennst du? Fülle die Tabelle aus!

Einheit	Abkürzung	Beispiel
Euro		Ein Brot kostet 3 Euro.
Cent		Eine Kugel Eis kostet 90 Cent.

Ergänze!

- 1 Euro = ... Cent

Ordne von viel nach wenig!

5 €, 2,50 €, 100 ct, 10 €, 150 ct, 1,20 €, 50 ct

Was ist mehr? Ergänze das passende Zeichen (<, > oder =)!

- 1 € .... 100 ct
- 3,50 € .... 350 ct
- 4 € .... 2,50 € + 1,50 €

Schätze die Preise folgender Gegenstände:

- Der Apfel:
- Der Radicrgummi:
- Die Wasserflasche:
- Die Kinokarte:

Vergleiche die geschätzten Preise mit den tatsächlichen Preisen:

- Der Apfel:
- Der Radiergummi:
- Die Wasserflasche:
- Die Kinokarte:

Lösungen:

- Euro (€), Cent (ct)
- 1 Euro = 100 Cent
- 10 €, 5 €, 2,50 €, 150 ct, 1,20 €, 100 ct, 50 ct
- =, =, =
- Individuelle Lösungen

© Verlag an der Ruhr | Autorin: Dr. Pauline Struve | www.verlagruhr.de
Holzmuster © arigato – Shutterstock.com

Einkaufen mit Prospekten

Kopiervorlage

Du brauchst:

- Prospekte, Schere

So geht's:

1. Nimm dir ein paar Prospekte und suche dir 9 Dinge aus, die du gerne kaufen möchtest. Schätze, wie viel deine Wünsche insgesamt kosten. Deine Schätzung:

   ....

2. Schneide deine Wünsche aus und klebe sie in dein Heft.
3. Notiere anschließend in einer Tabelle, was du kaufen möchtest und wie viel die einzelnen Dinge kosten.

	Was willst du kaufen?	Wie viel kostet es?
1		
2		
3		
4		
5		
6		
7		
8		
9		

4. Berechne im Anschluss, wie viel Geld du für alles zusammen benötigst.

5. Wie weit weicht deine Berechnung von deiner ursprünglichen Schätzung ab? Schreibe kurz auf, wieso das so sein könnte.

   ....

   ....

6. Zeichne auf, welche Geldscheine und/oder Münzen du zum Bezahlen benötigst. (Achtung: Hier gibt es mehrere richtige Lösungen.)

© Verlag an der Ruhr | Autorin: Dr. Pauline Struve | www.verlagruhr.de
Holzmuster © arigato, Büroklammern © KOKEDA – beide Shutterstock.com

Wie kannst du bezahlen?

So geht's:

Finde möglichst viele Varianten, die jeweiligen Kassenzettel zu bezahlen.
Schreibe auf, welche Münzen und Scheine du dafür brauchst.

Company «LOREM»
street dolor sit 12/4

Lorem ipsum dolor	€ 5,50
Dolor sit amet	€ 7,45
Summe	**€ 12,95**

123456789012
RECEIPT #12345
Thank you for your purchase

Company «LOREM»
street dolor sit 12/4

Lorem ipsum dolor	€ 99,00
Dolor sit amet	€ 6,21
Summe	**€ 105,21**

123456789012
RECEIPT #12345
Thank you for your purchase

Company «LOREM»
street dolor sit 12/4

Lorem ipsum dolor	€ 54,00
Dolor sit amet	€ 45,95
Summe	**€ 99,95**

123456789012
RECEIPT #12345
Thank you for your purchase

Company «LOREM»
street dolor sit 12/4

Lorem ipsum dolor	€ 150,45
Dolor sit amet	€ 99,55
Summe	**€ 250**

123456789012
RECEIPT #12345
Thank you for your purchase

© Verlag an der Ruhr | Autorin: Dr. Pauline Struve | www.verlagruhr.de
Holzmuster © arigato, Kassenzettel © Angel_AMX – beide Shutterstock.com

Gemeinsam im Restaurant essen gehen

Kopiervorlage

So geht's:

Du bist mit drei Freundinnen und Freunden gemeinsam essen und ihr habt 45€ zur Verfügung.
Überlege dir mindestens 5 Varianten, was ihr in welchem Restaurant dafür bestellen könnt.
Für welches Restaurant würdest du dich entscheiden? Begründe deine Antwort.

Muffin:	3,50 €
Donut:	2 €
Sandwich Käse:	4,50 €
Sandwich Salami:	5,50 €
Sandwich Gurke:	4,- €
Kaffee:	2,50 €
Cappuccino:	3,50 €
Wasser:	2,- €

© tharnthip – stock.adobe.com

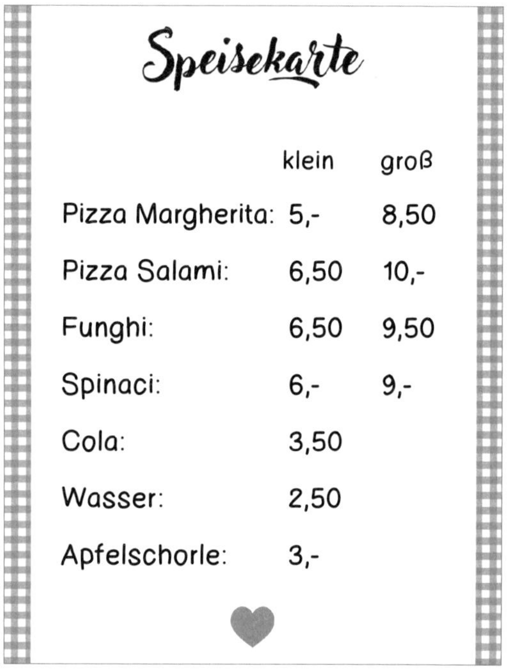

Speisekarte

	klein	groß
Pizza Margherita:	5,-	8,50
Pizza Salami:	6,50	10,-
Funghi:	6,50	9,50
Spinaci:	6,-	9,-
Cola:	3,50	
Wasser:	2,50	
Apfelschorle:	3,-	

© ArtLanes – Shutterstock.com

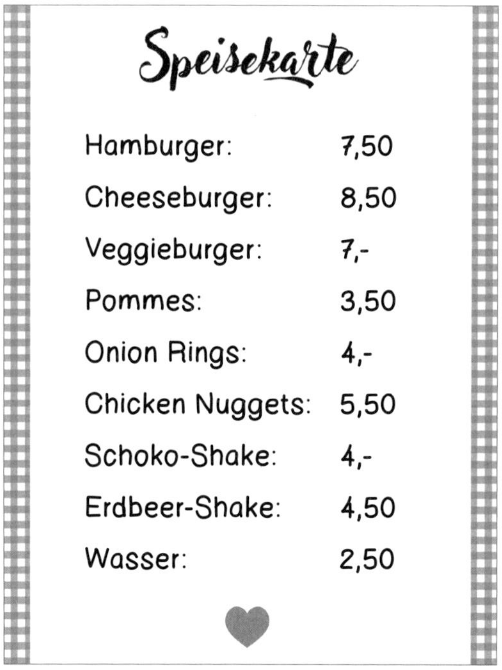

Speisekarte

Hamburger:	7,50
Cheeseburger:	8,50
Veggieburger:	7,-
Pommes:	3,50
Onion Rings:	4,-
Chicken Nuggets:	5,50
Schoko-Shake:	4,-
Erdbeer-Shake:	4,50
Wasser:	2,50

© ArtLanes – Shutterstock.com

© Verlag an der Ruhr | Autorin: Dr. Pauline Struve | www.verlagruhr.de
Holzmuster © arigato, Büroklammern © KOKEDA – beide Shutterstock.com

Ich habe – Du hast (1/2)

Kopiervorlage

Benötigte Materialien:

- Schere
- Kopiervorlage

Vorbereitung:

Kopieren Sie die Vorlage in ausreichender Anzahl, sodass pro Schüler*in eine „Ich habe – Wer hat"-Karte vorhanden ist. Je nach Klassengröße kommen manche Karten doppelt vor. Zerschneiden Sie die Vorlage.

So geht's:

1. Teilen Sie an alle eine „Ich habe – Wer hat"-Karte aus.
2. Die Person mit der Startkarte beginnt. Sie liest ihre „Wer hat"-Frage laut vor (z. B. „Wer hat 1 €?").
3. Die anderen überlegen, ob sie den passenden „Ich habe"-Teil (z. B. die Abbildung eines Euro-Stücks) haben. Im Anschluss liest die Person mit der richtigen Lösung ihre „Wer hat"-Frage vor.
4. Das Spiel ist beendet, wenn alle ihre Fragen gestellt haben.

START	Ich habe  © Europäische Zentralbank	Ich habe  © Europäische Zentralbank	Ich habe  © Europäische Zentralbank	Ich habe  © Europäische Zentralbank
Wer hat 5 Euro?	Wer hat 8 Cent?	Wer hat 50 Cent?	Wer hat 1,50 Euro?	Wer hat 10 Euro?
Ich habe  © Europäische Zentralbank	Ich habe  © Europäische Zentralbank	Ich habe  © Europäische Zentralbank	Ich habe  © Europäische Zentralbank	Ich habe  © Europäische Zentralbank
Wer hat 1,20 Euro?	Wer hat 2,50 Euro?	Wer hat 5,50 Euro?	Wer hat 10,50 Euro?	Wer hat 2 Euro?

© Verlag an der Ruhr | Autorin: Dr. Pauline Struve | www.verlagruhr.de
Holzmuster © arigato – Shutterstock.com

Ich habe – Du hast (2/2)

Kopiervorlage

Ich habe  © Europäische Zentralbank	Ich habe  © Europäische Zentralbank	Ich habe  © Europäische Zentralbank	Ich habe  © Europäische Zentralbank	Ich habe  © Europäische Zentralbank
Wer hat 5,20 Euro?	Wer hat 10,70 Euro?	Wer hat 1,10 Euro?	Wer hat 20 Cent?	Wer hat 55 Cent?
Ich habe  © Europäische Zentralbank	Ich habe  © Europäische Zentralbank	Ich habe  © Europäische Zentralbank	Ich habe  © Europäische Zentralbank	Ich habe  © Europäische Zentralbank
Wer hat 5,22 Euro?	Wer hat 40 Cent?	Wer hat 10 Cent?	Wer hat 1 Euro?	**ENDE**

© Verlag an der Ruhr | Autorin: Dr. Pauline Struve | www.verlagruhr.de
Holzmuster © arigato, Büroklammern © KOKEDA – beide Shutterstock.com